MICHAEL KOLSTER

PARIS PARK PHOTOGRAPHS

PHOTOGRAPHIES DE PARCS PARISIENS

WITH AN AFTERWORD BY MICHELLE KUO
AVEC UNE POSTFACE DE MICHELLE KUO

GEORGE F. THOMPSON PUBLISHING
IN ASSOCIATION WITH
THE CENTER FOR THE STUDY OF PLACE

C. A. S.

PART ONE

I

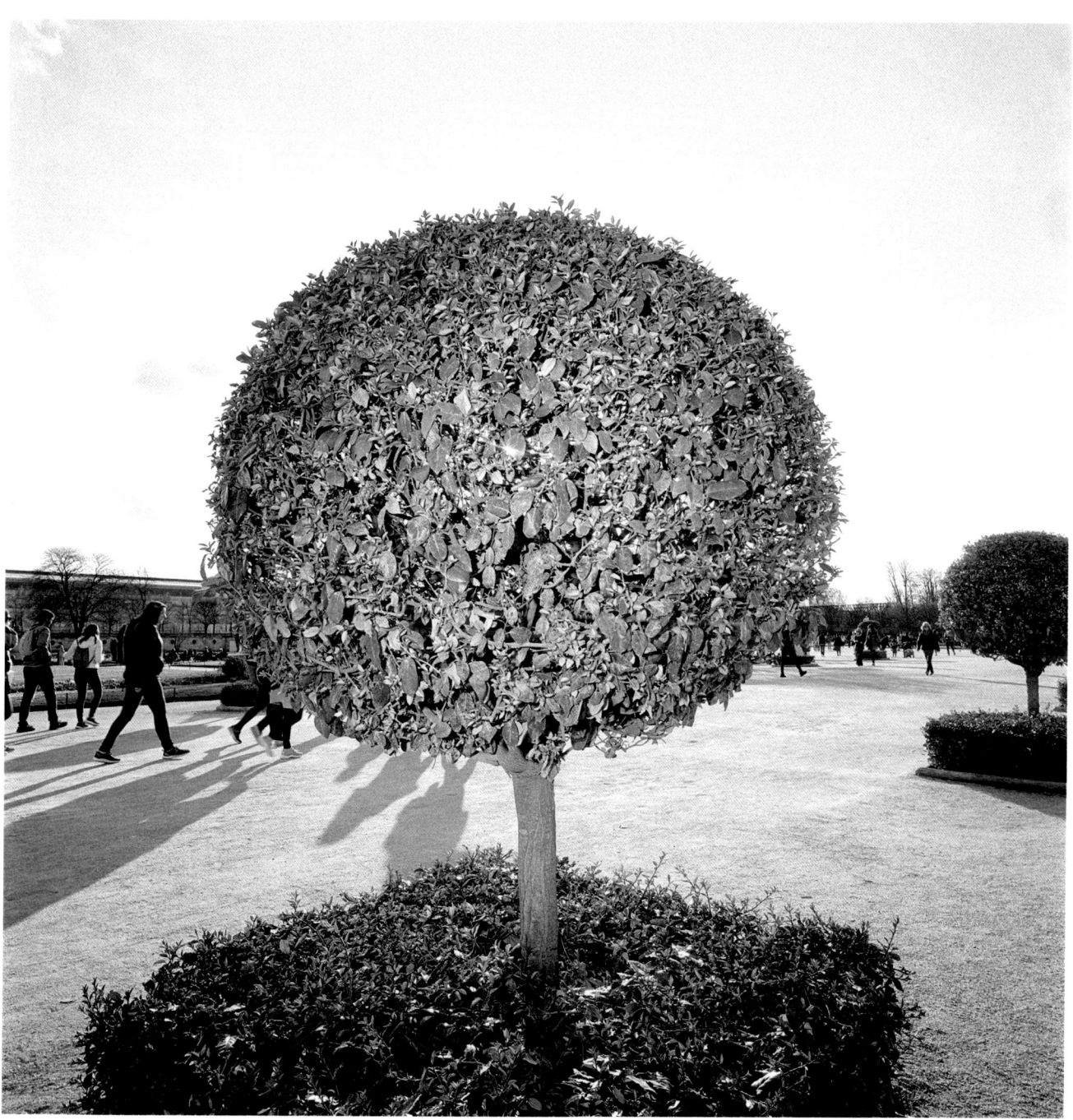

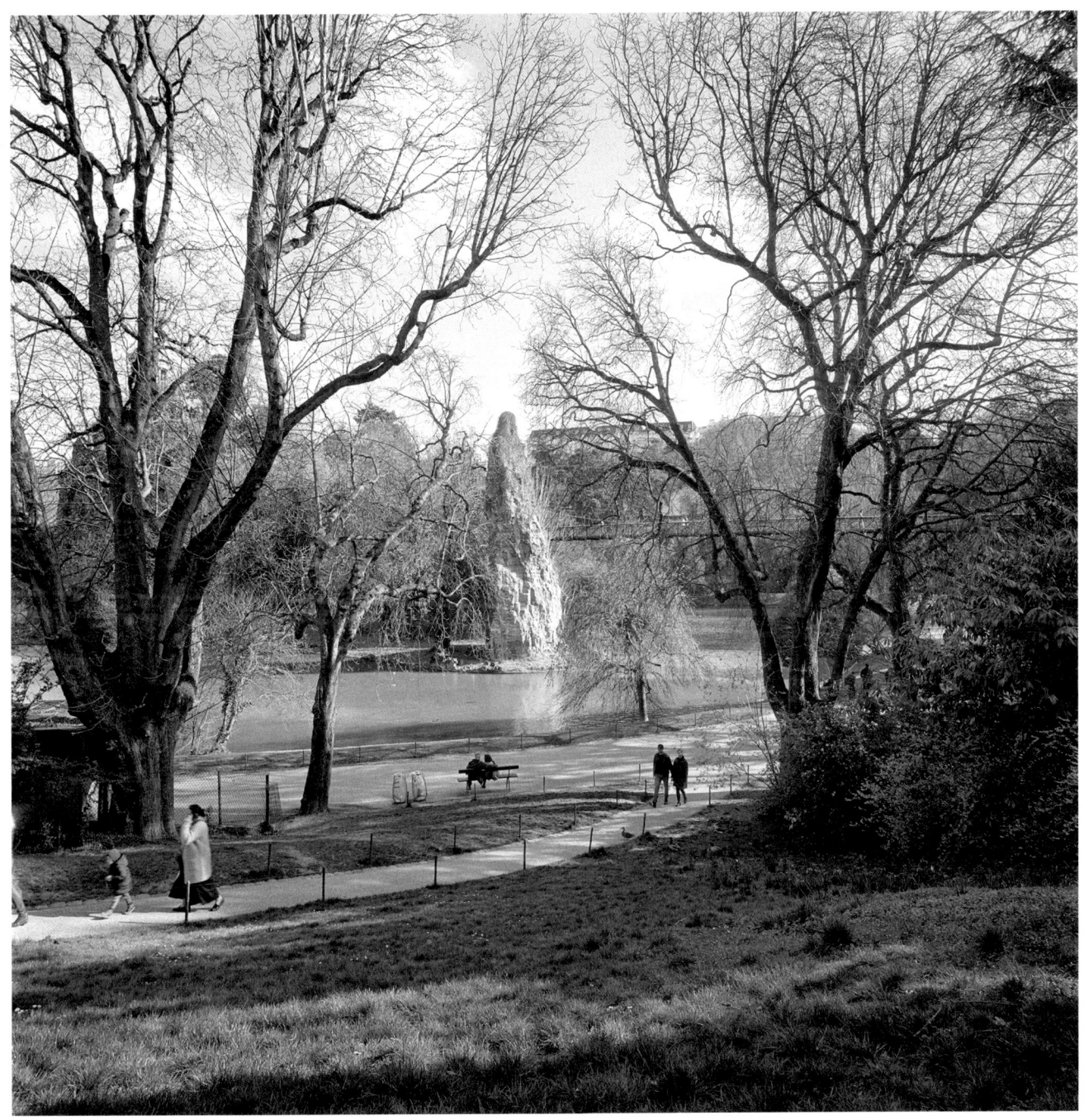

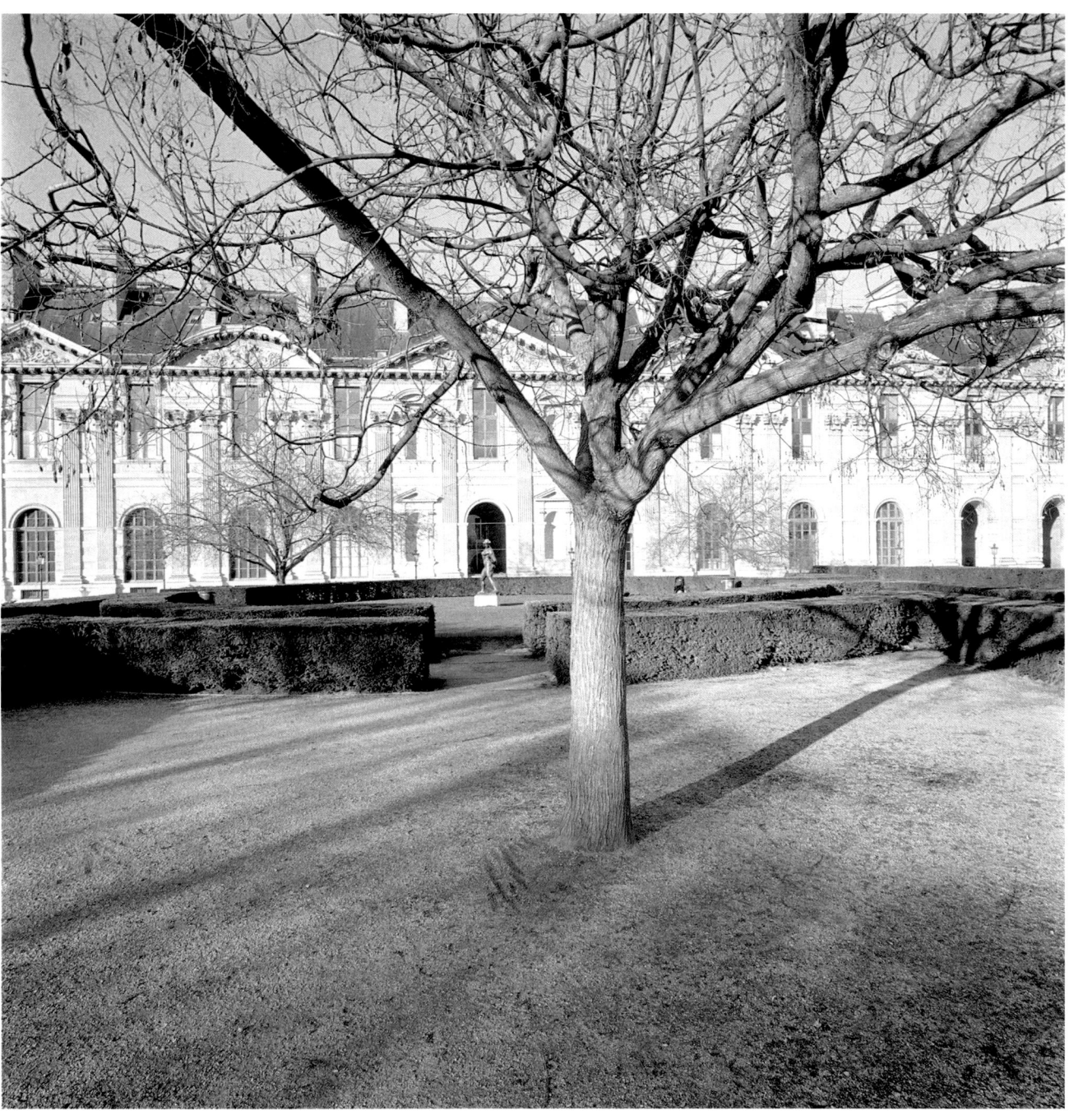

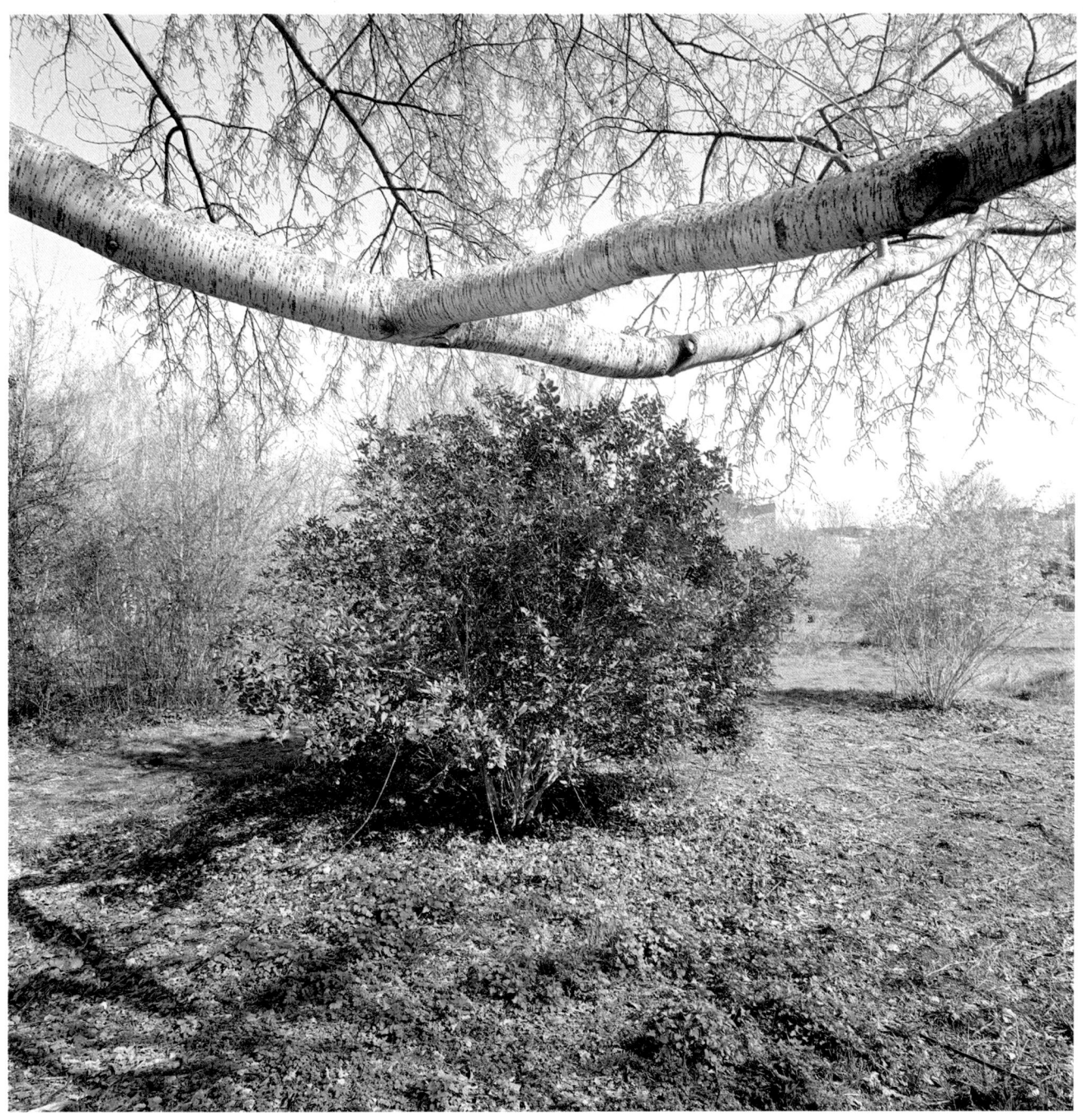

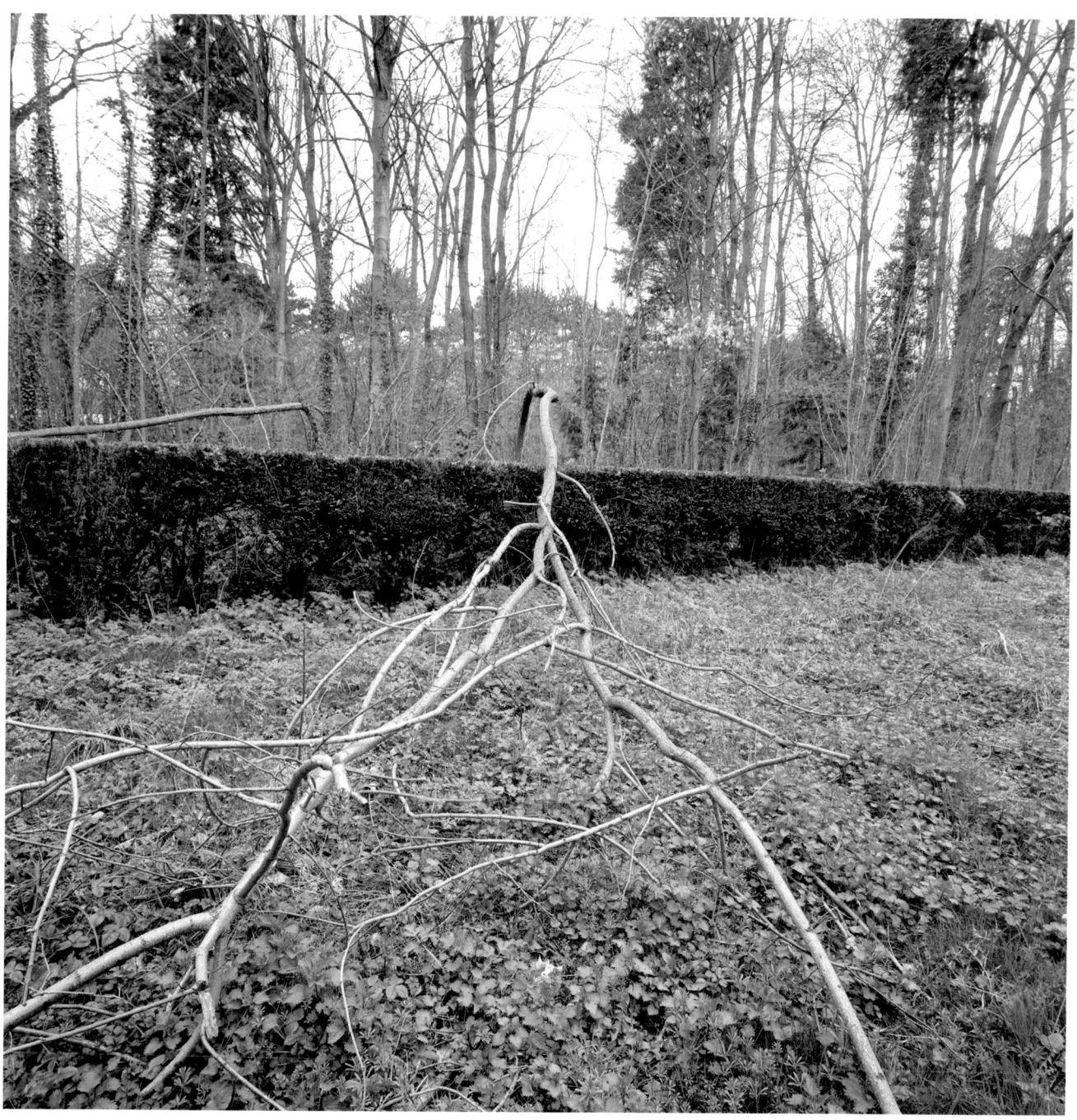

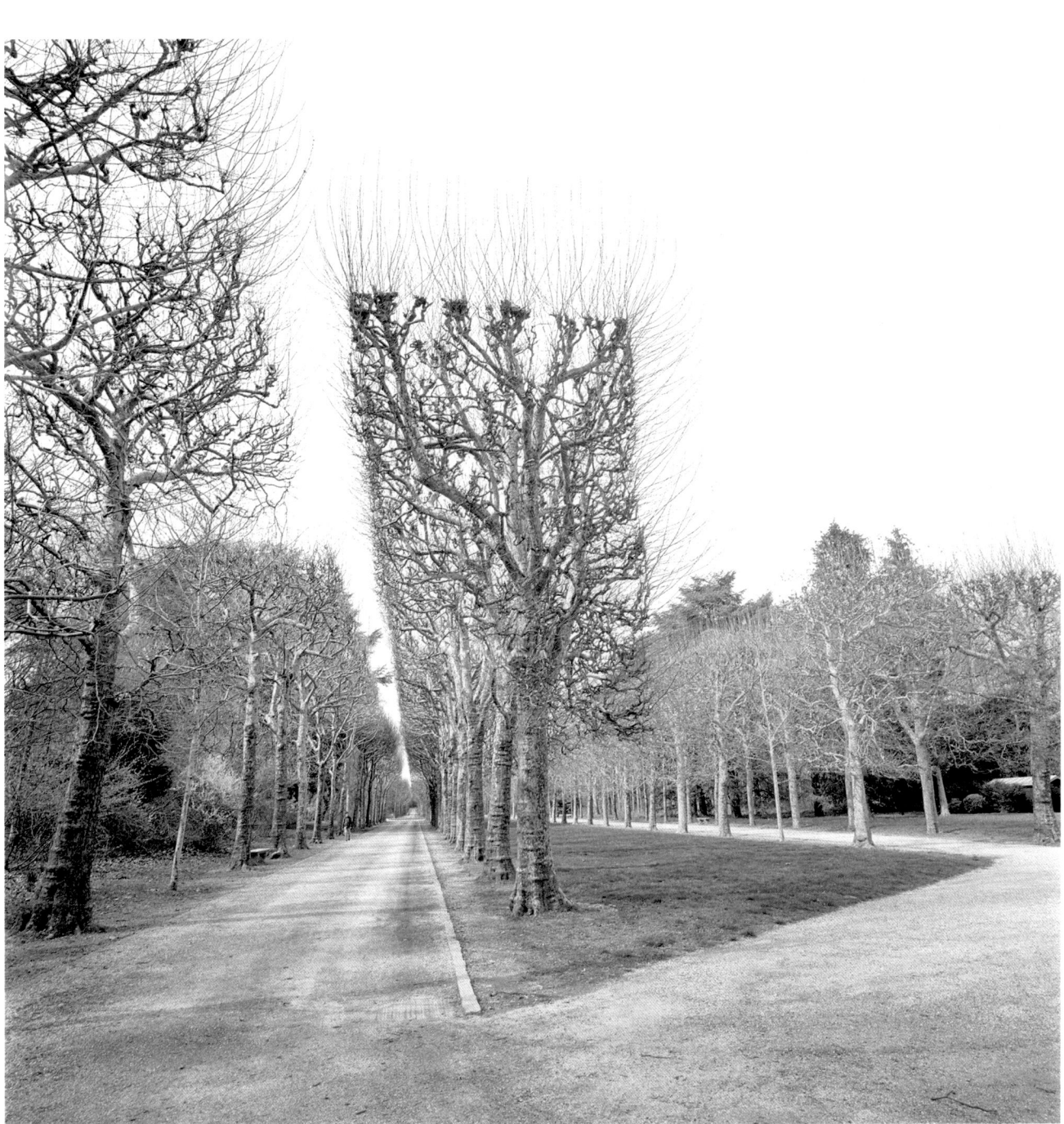

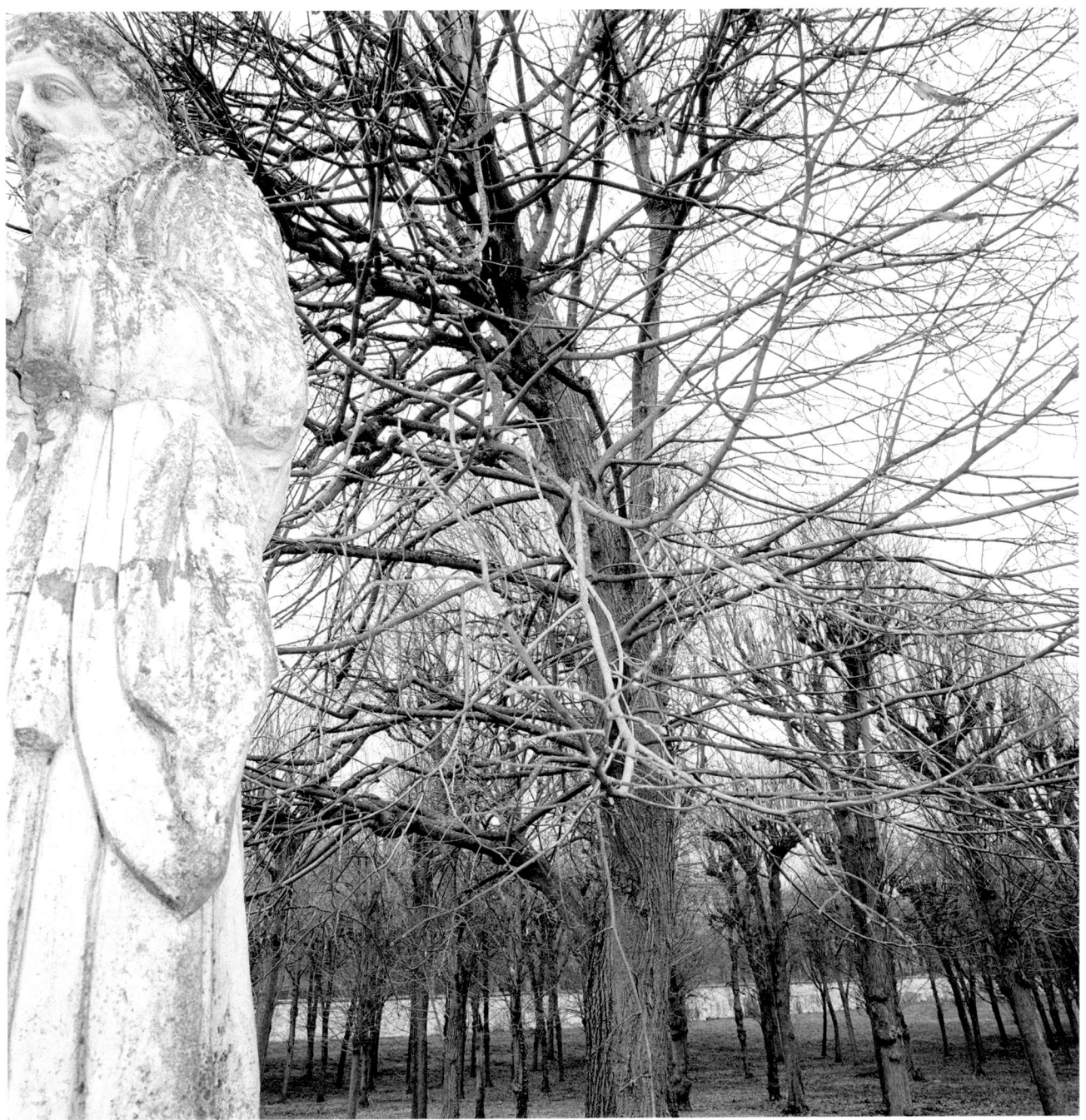

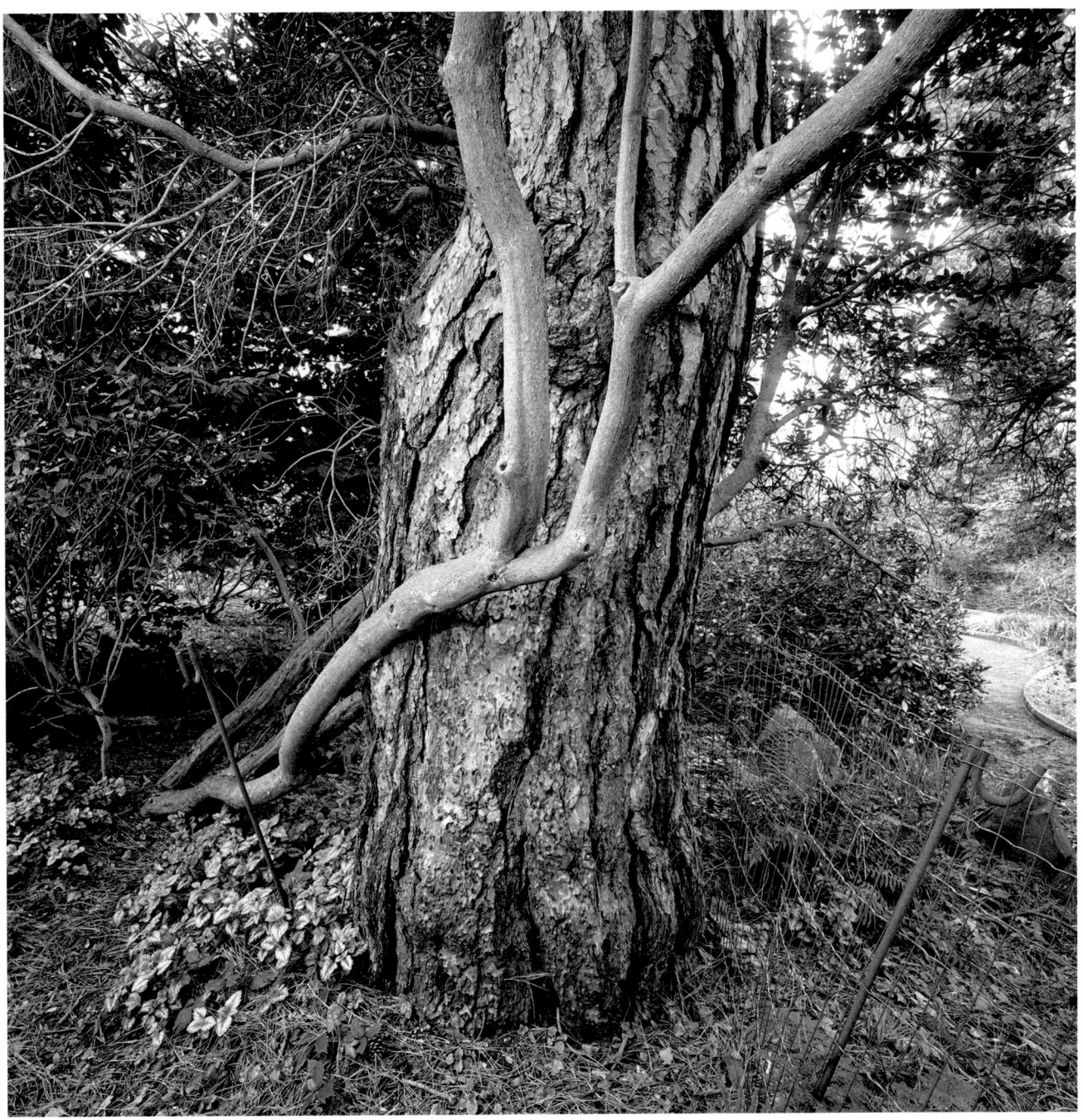

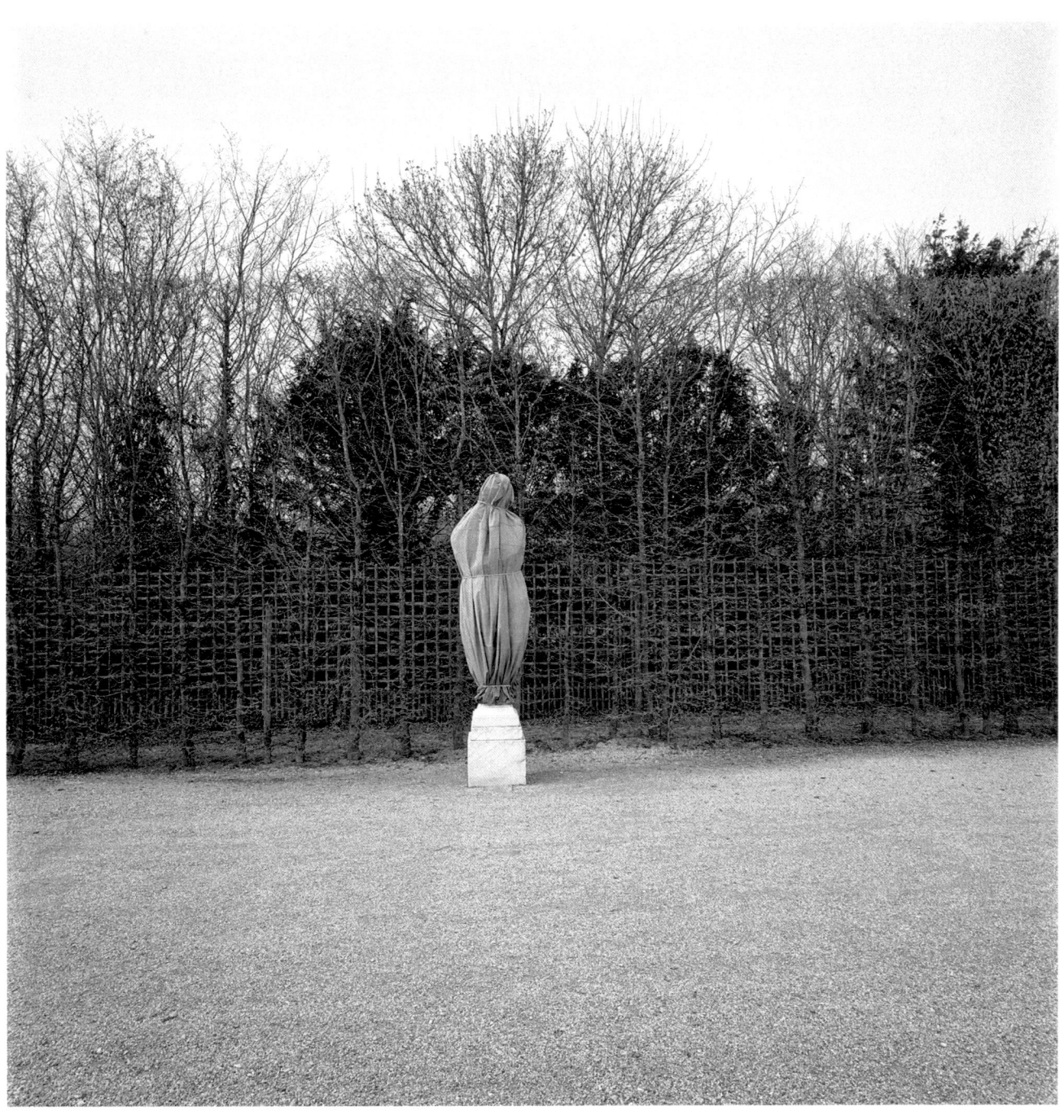

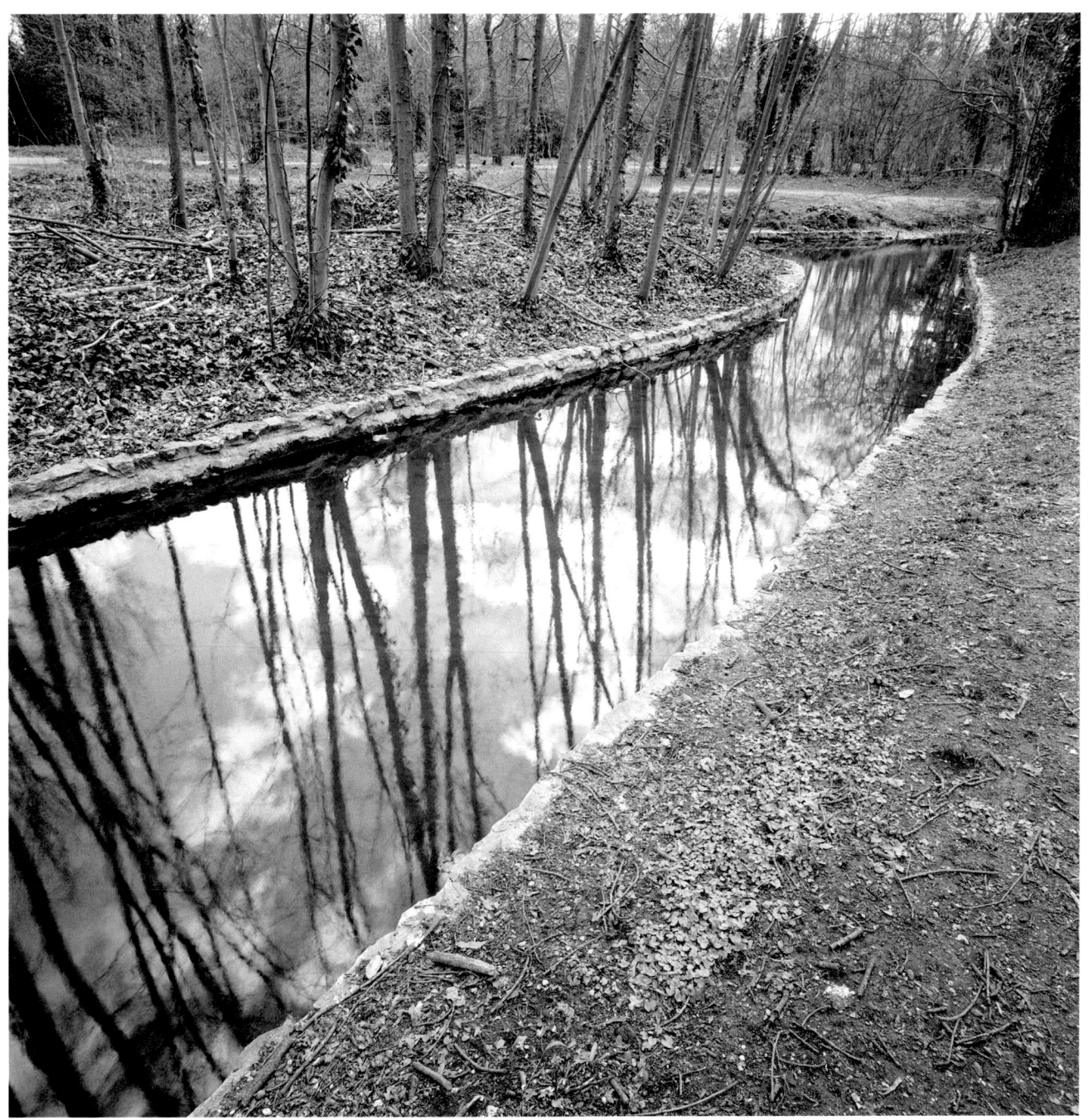

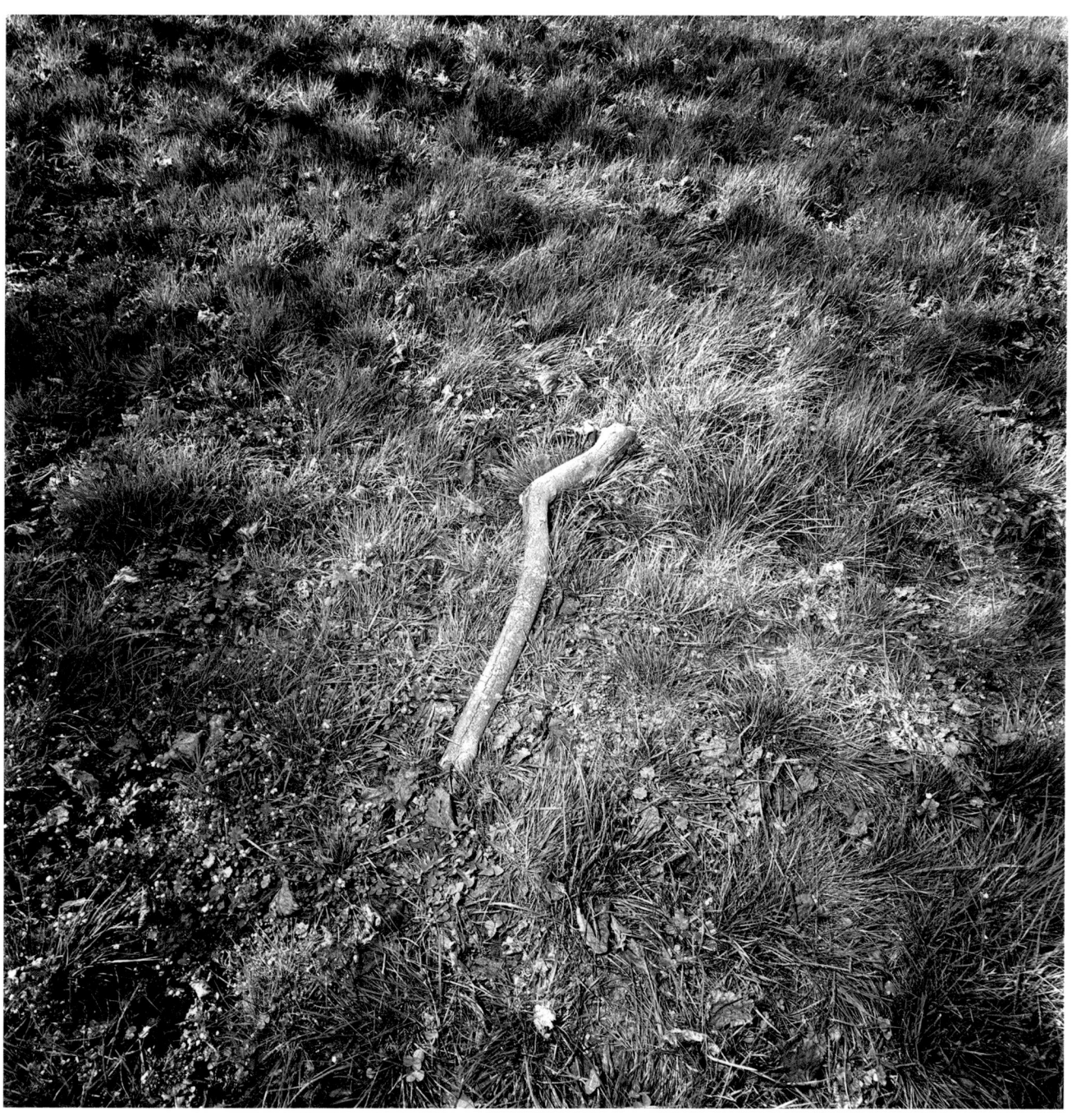

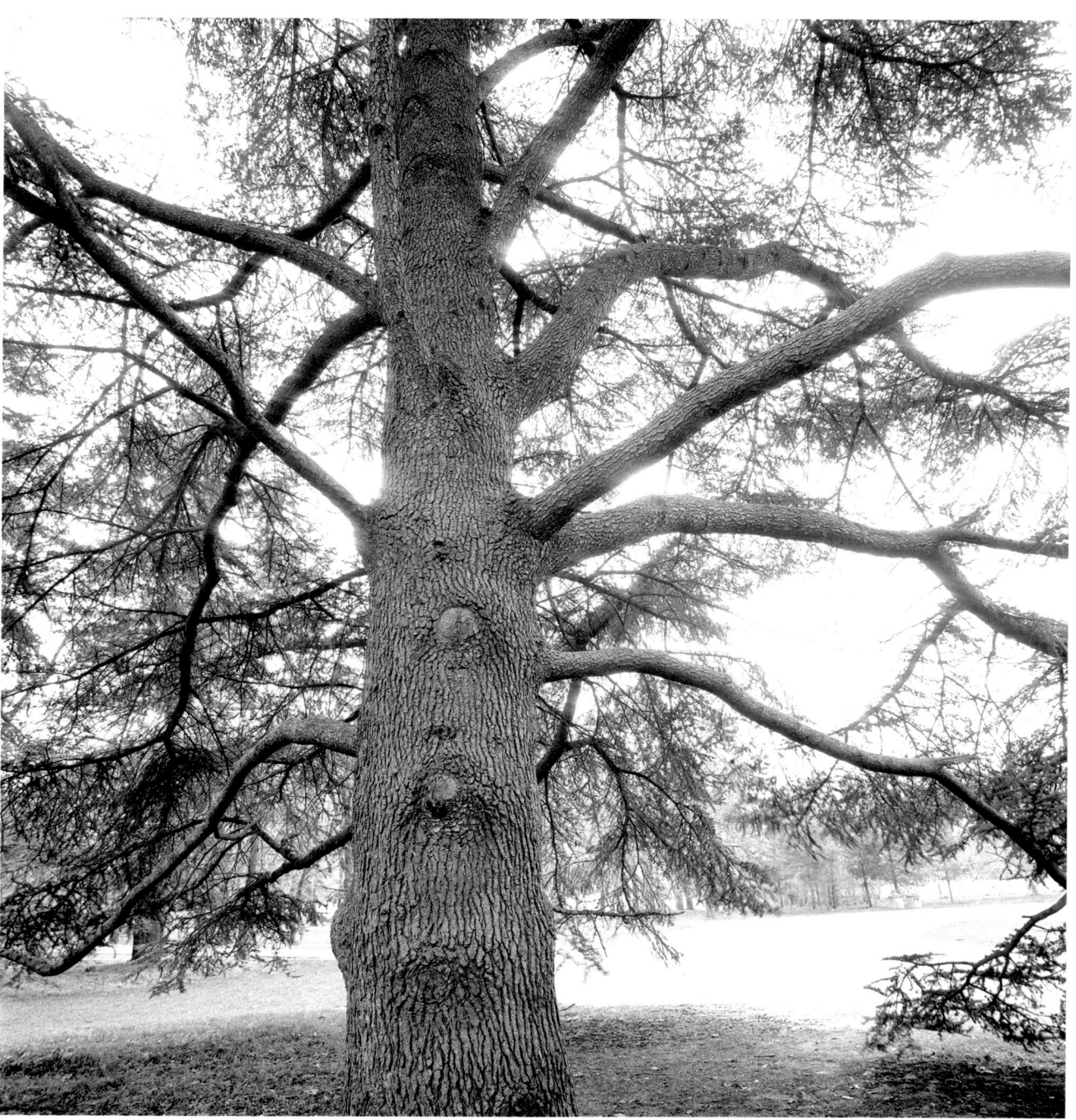

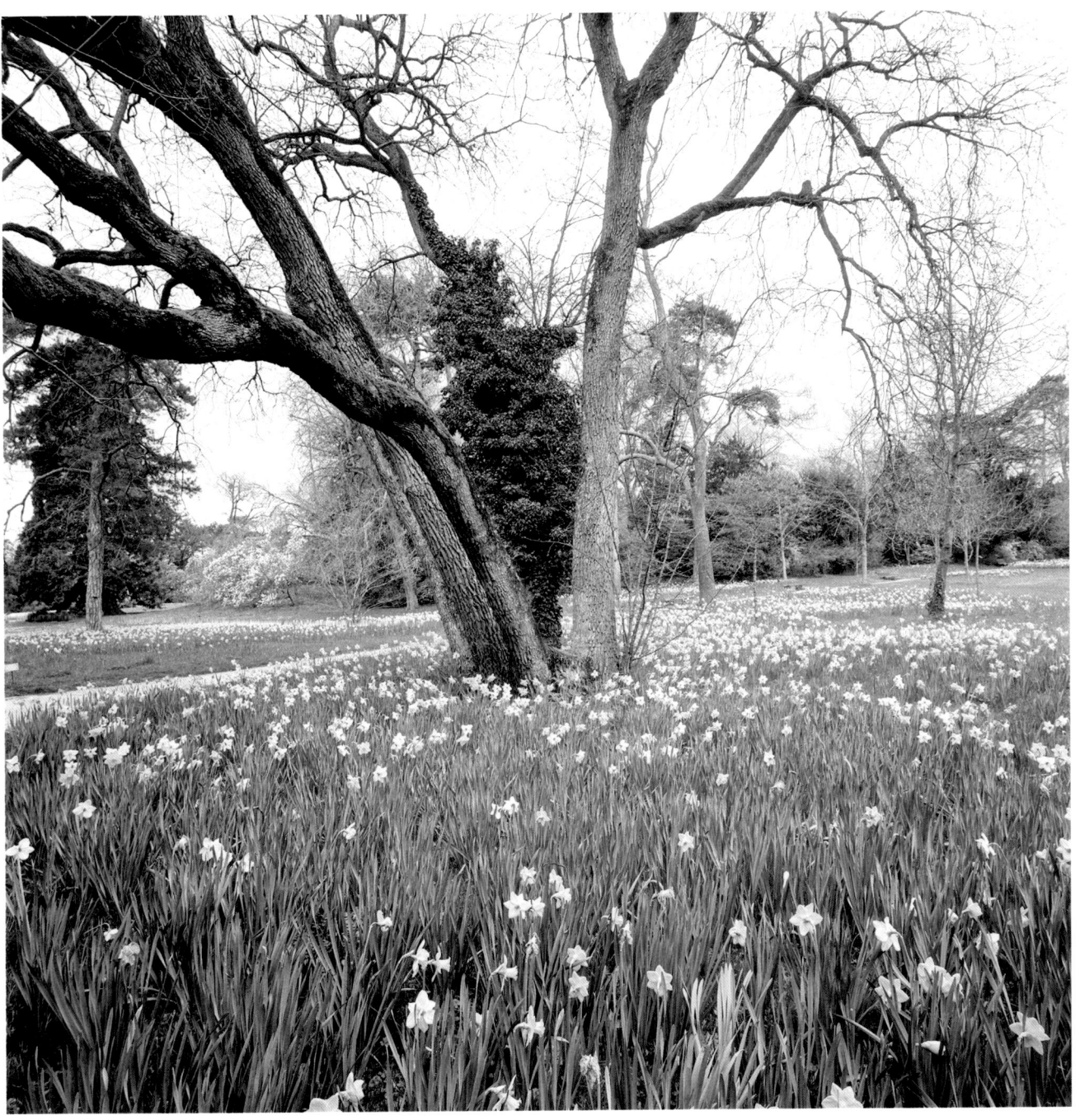

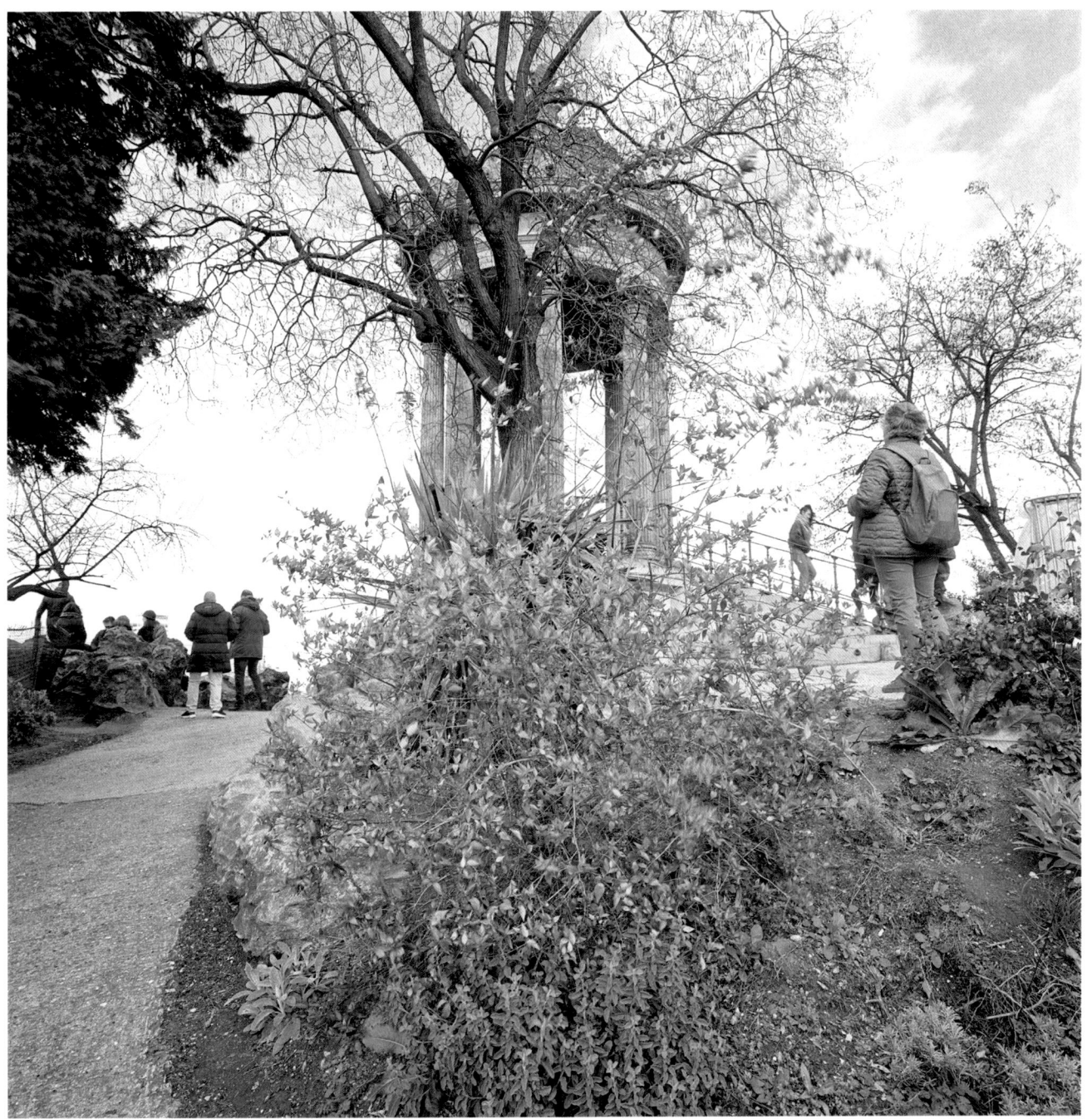

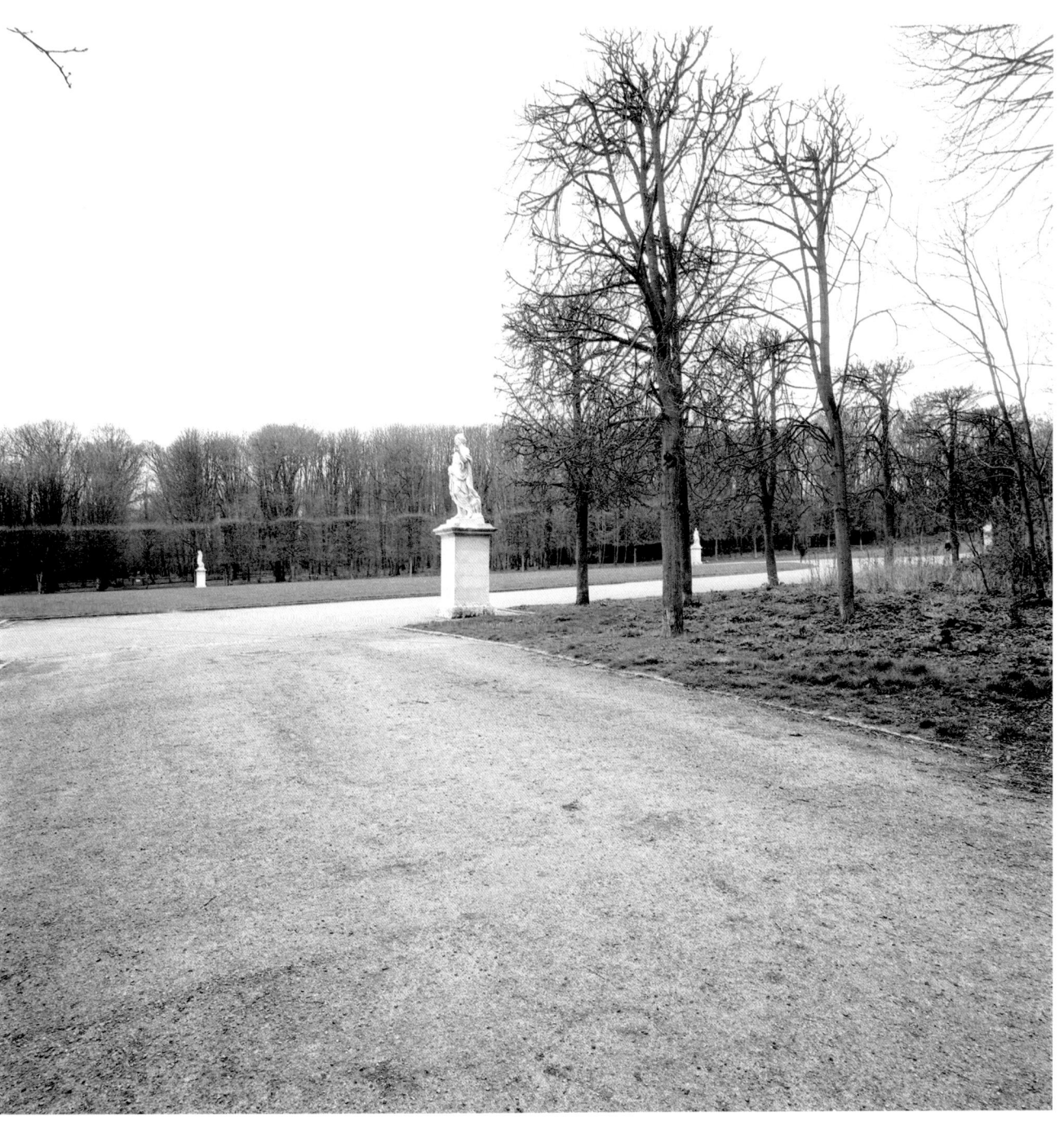

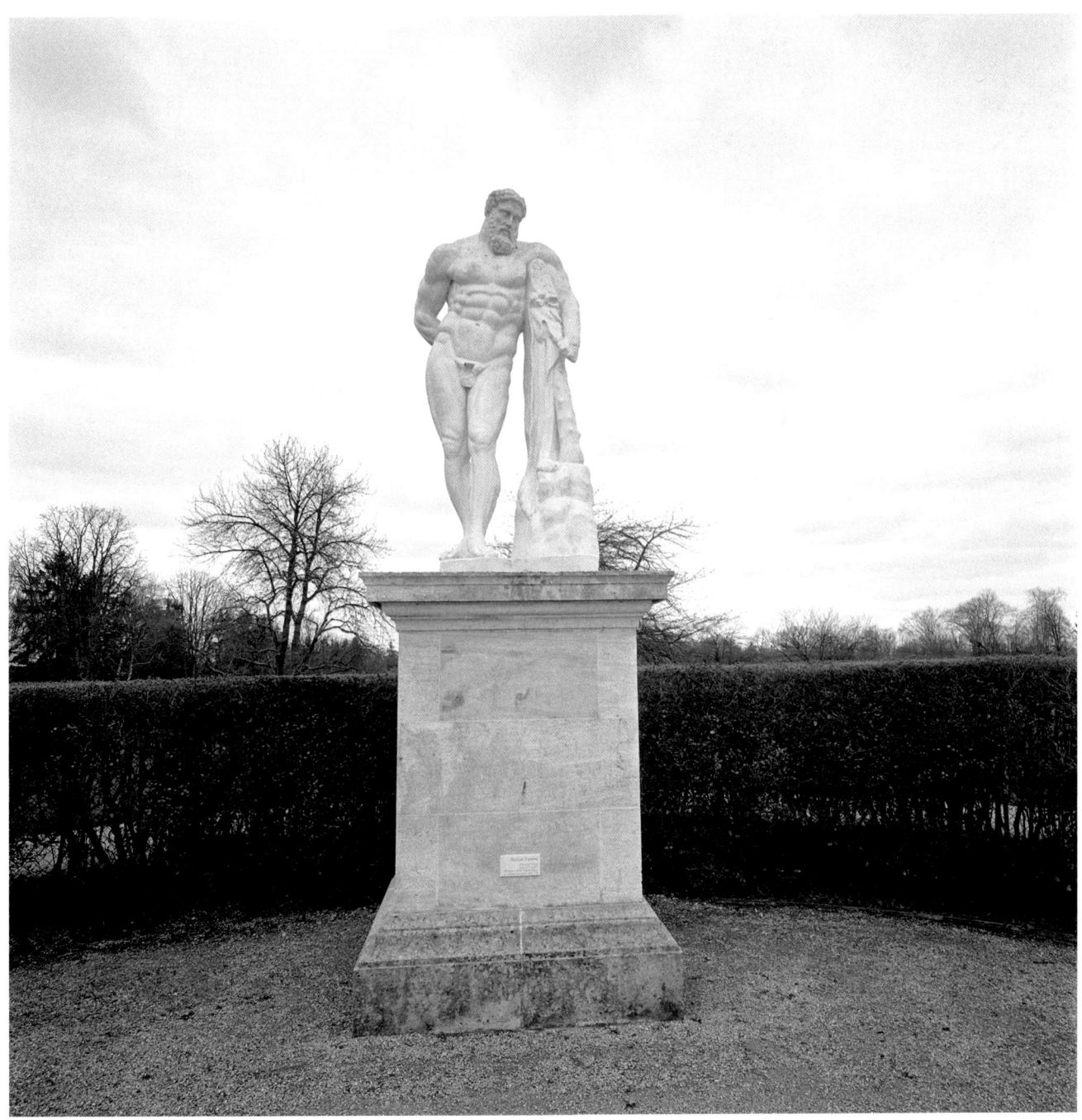

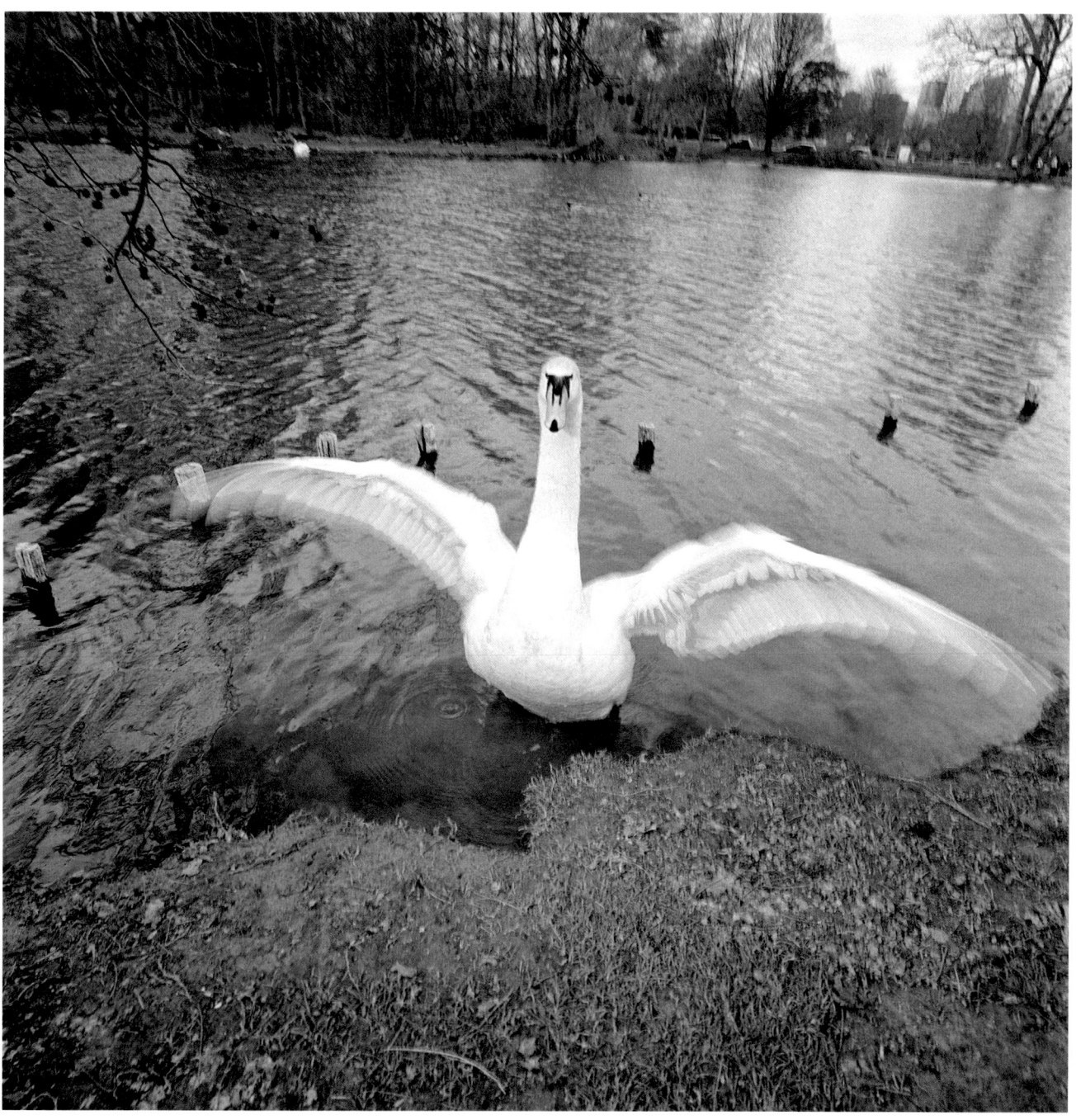

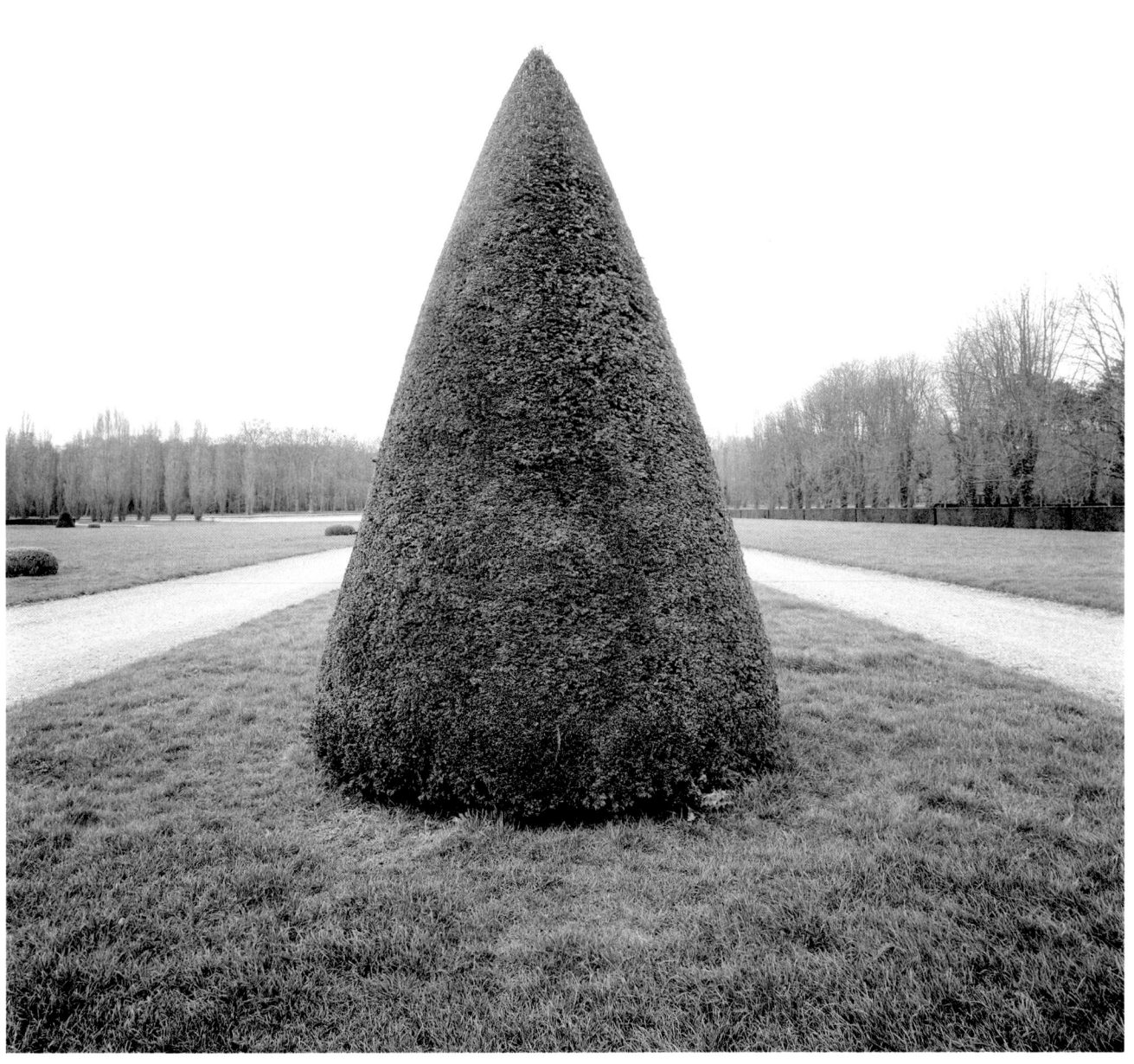

1   JARDIN DES TULIERES, 2019

2   PARC DES BUTTES-CHAUMONT, 2019

3   JARDIN DES TULIERES, 2019

4   PARC DE L'ÎLE SAINT-GERMAIN, 2019

5   PARC DE SCEAUX, 2017

6   PARC DE SCEAUX, 2019

7   PARC DE SAINT-CLOUD, 2017

8   PARC FLORAL, BOIS DE VINCENNES, 2019

9   LES JARDINS DE VERSAILLES, 2019

10 BOIS DE BOULOGNE, 2017

11 PARC DE SAINT-CLOUD, 2017

12 PARC DE SCEAUX, 2017

13 CHÂTEAU DE BAGATELLE, BOIS DE BOULOGNE, 2017

14 PARC DES BUTTES-CHAUMONT, 2019

15 PARC DE SCEAUX, 2017

16 PARC DE SCEAUX, 2019

17 BOIS DE BOULOGNE, 2017

18 PARC DE SCEAUX, 2017

PART TWO

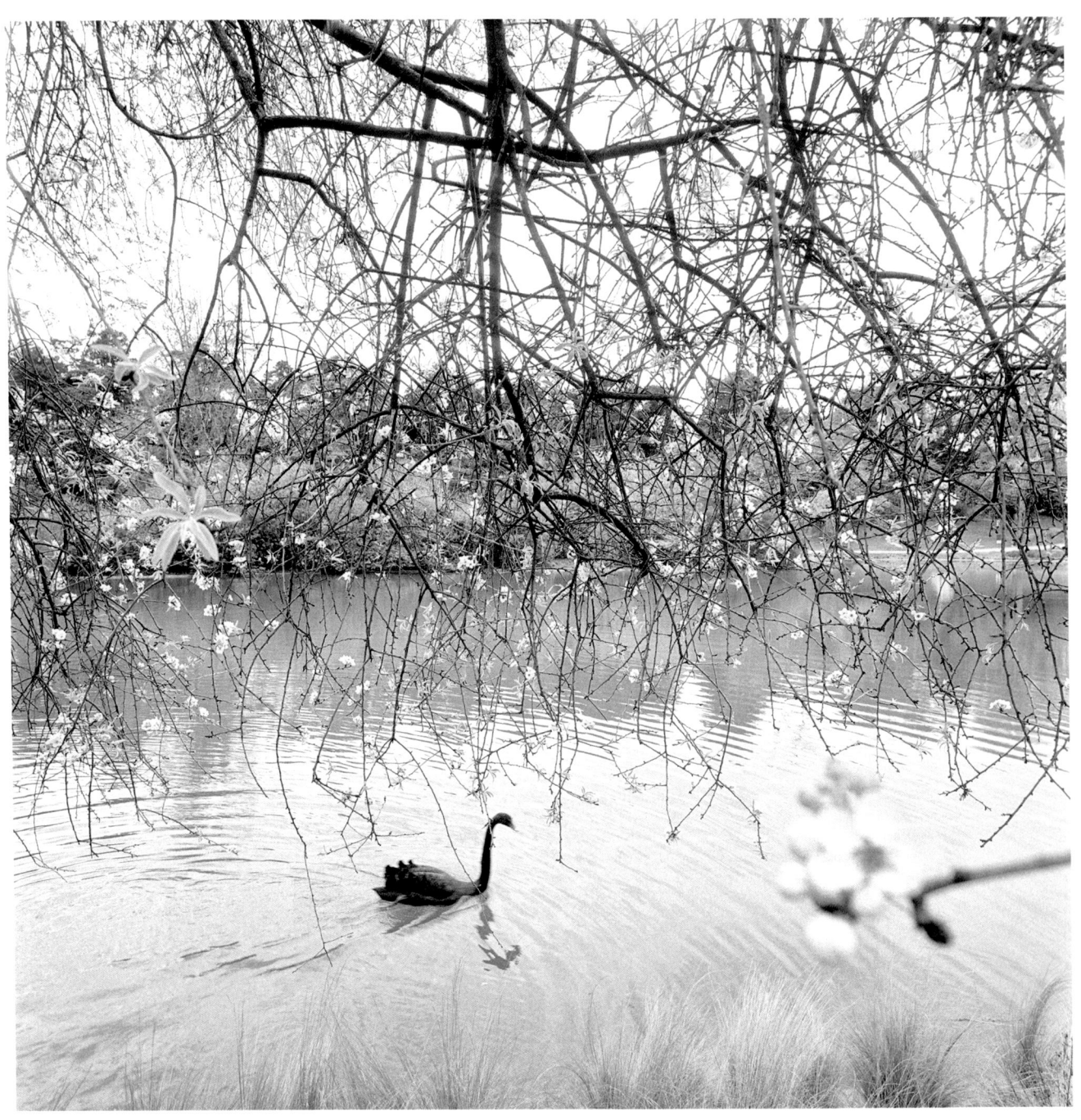

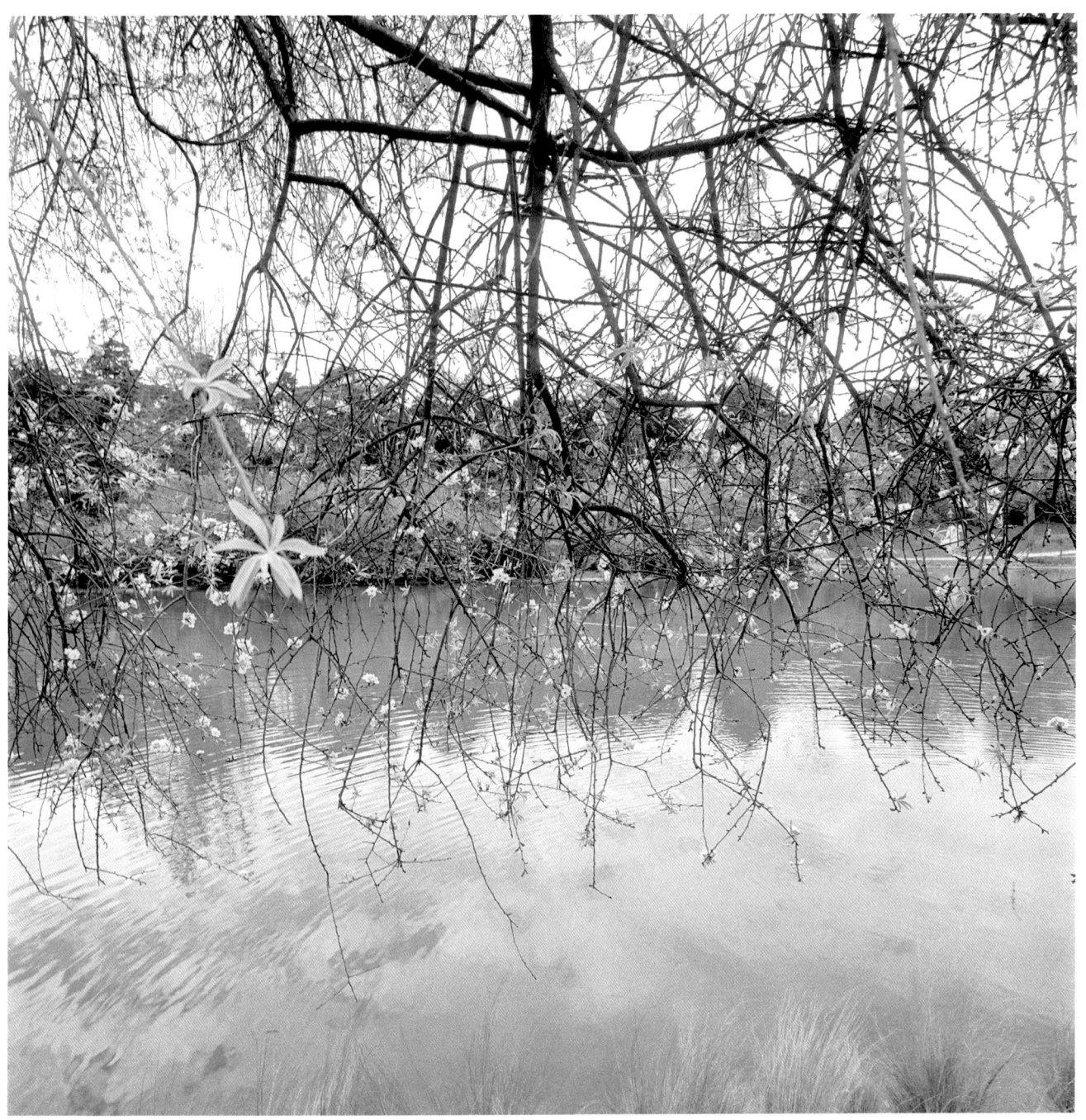

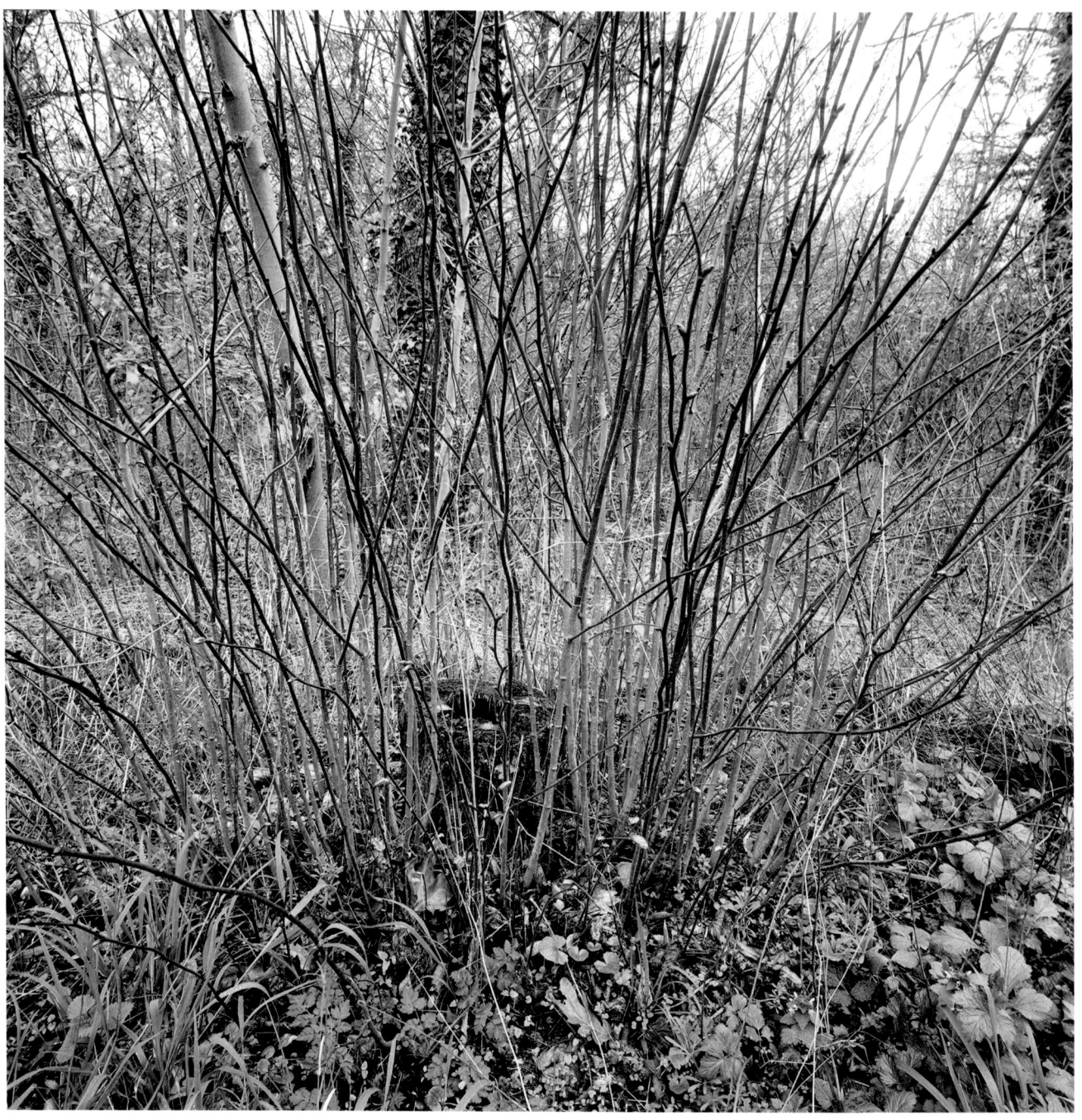

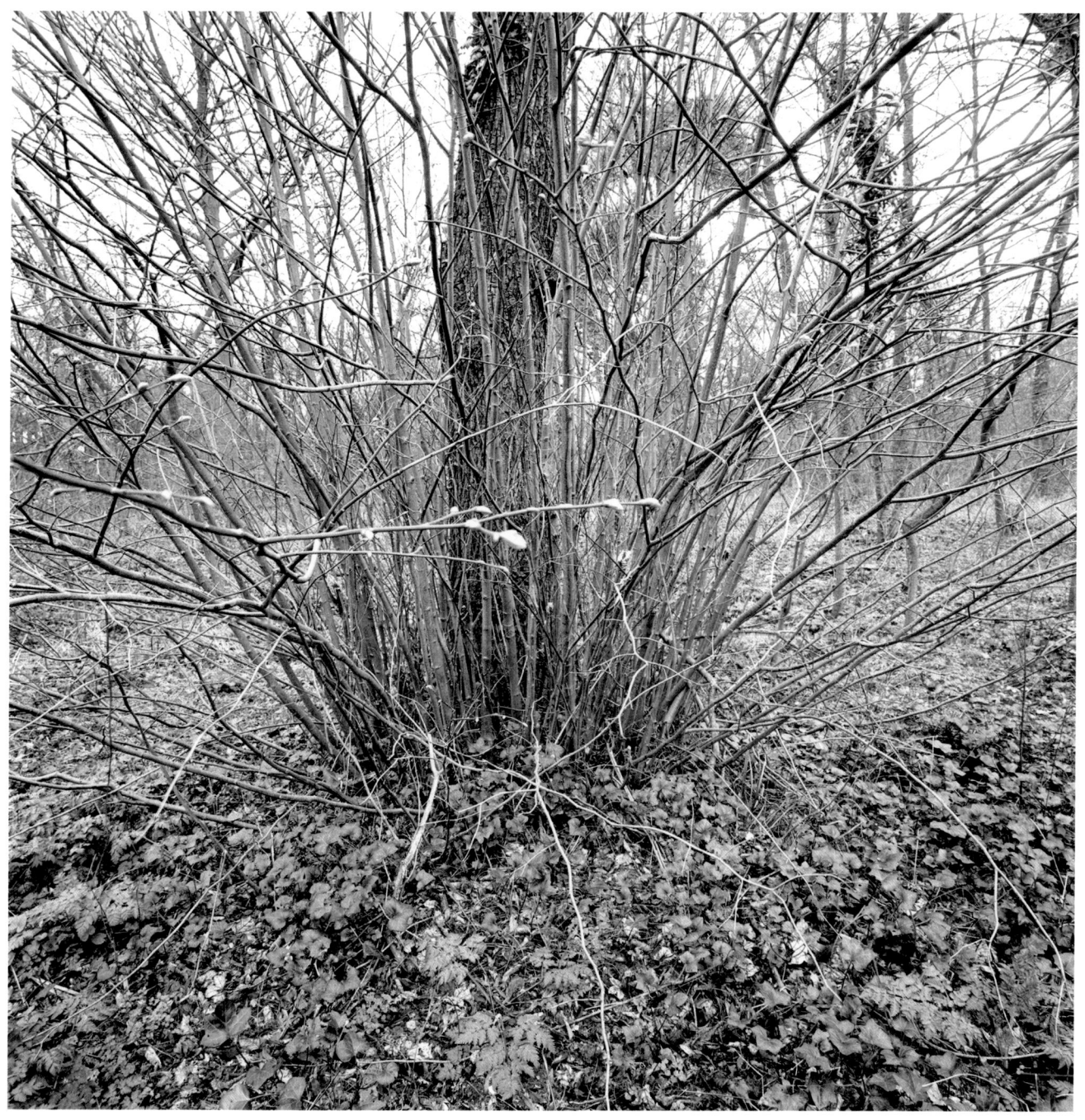

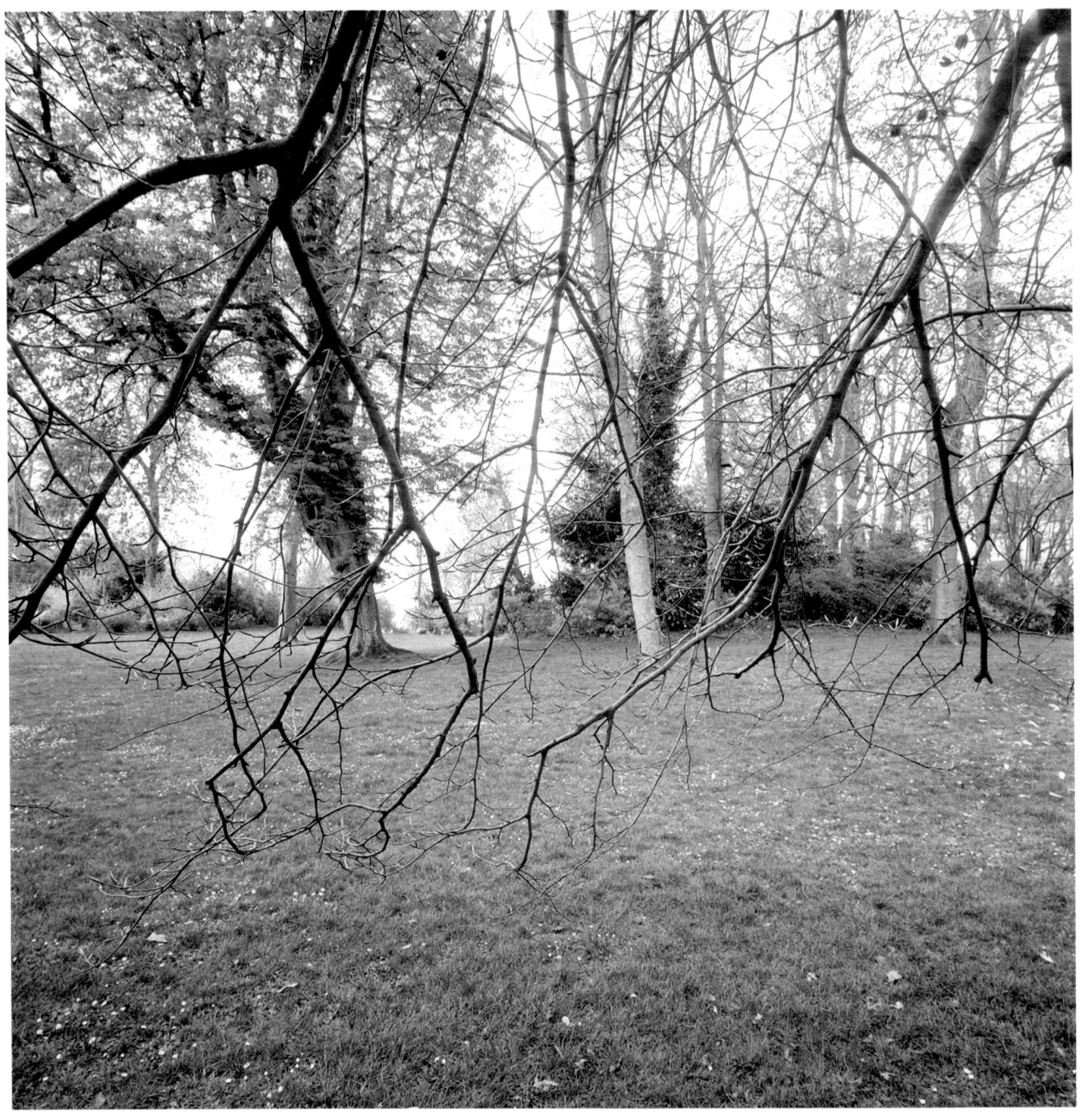

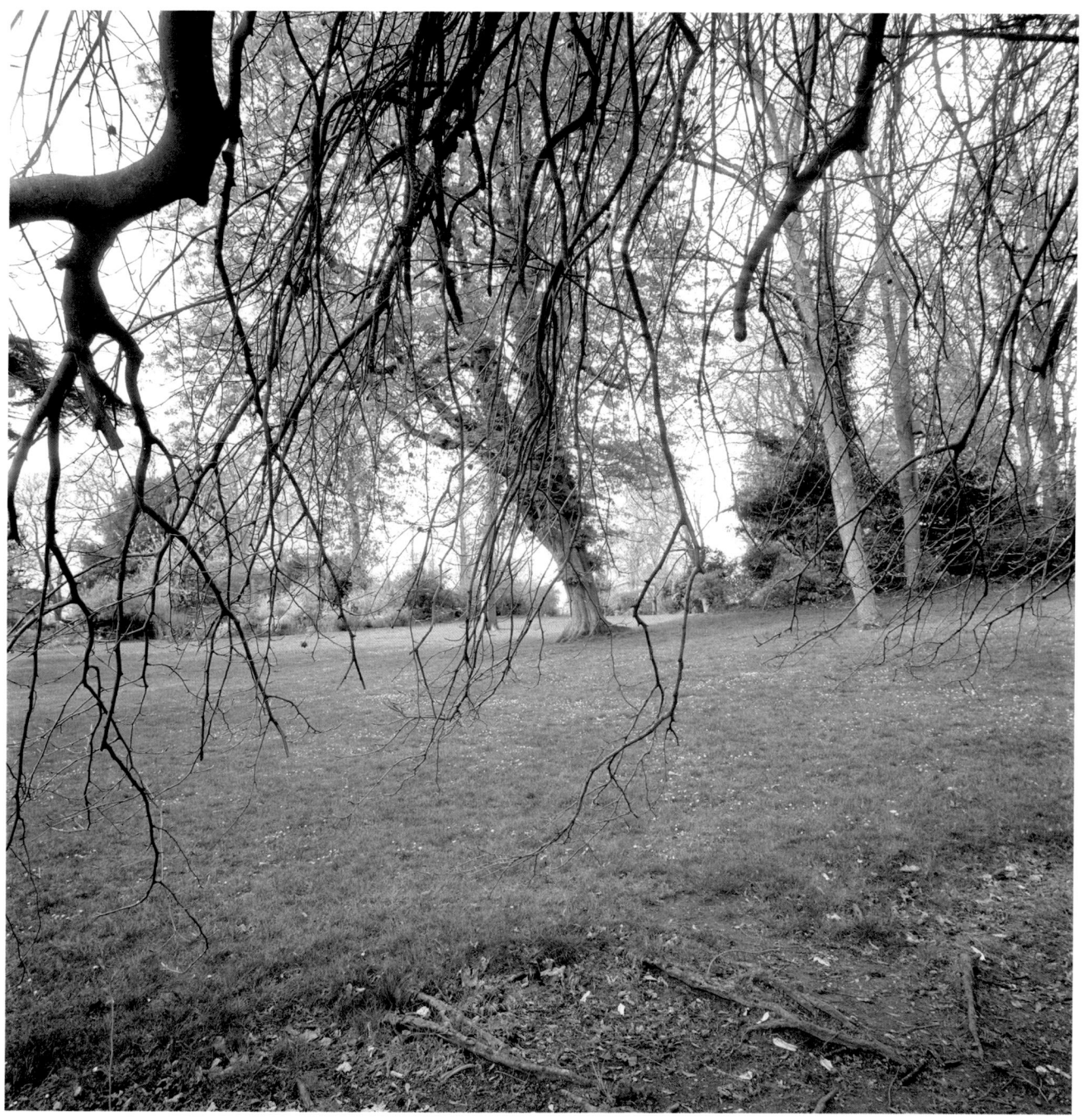

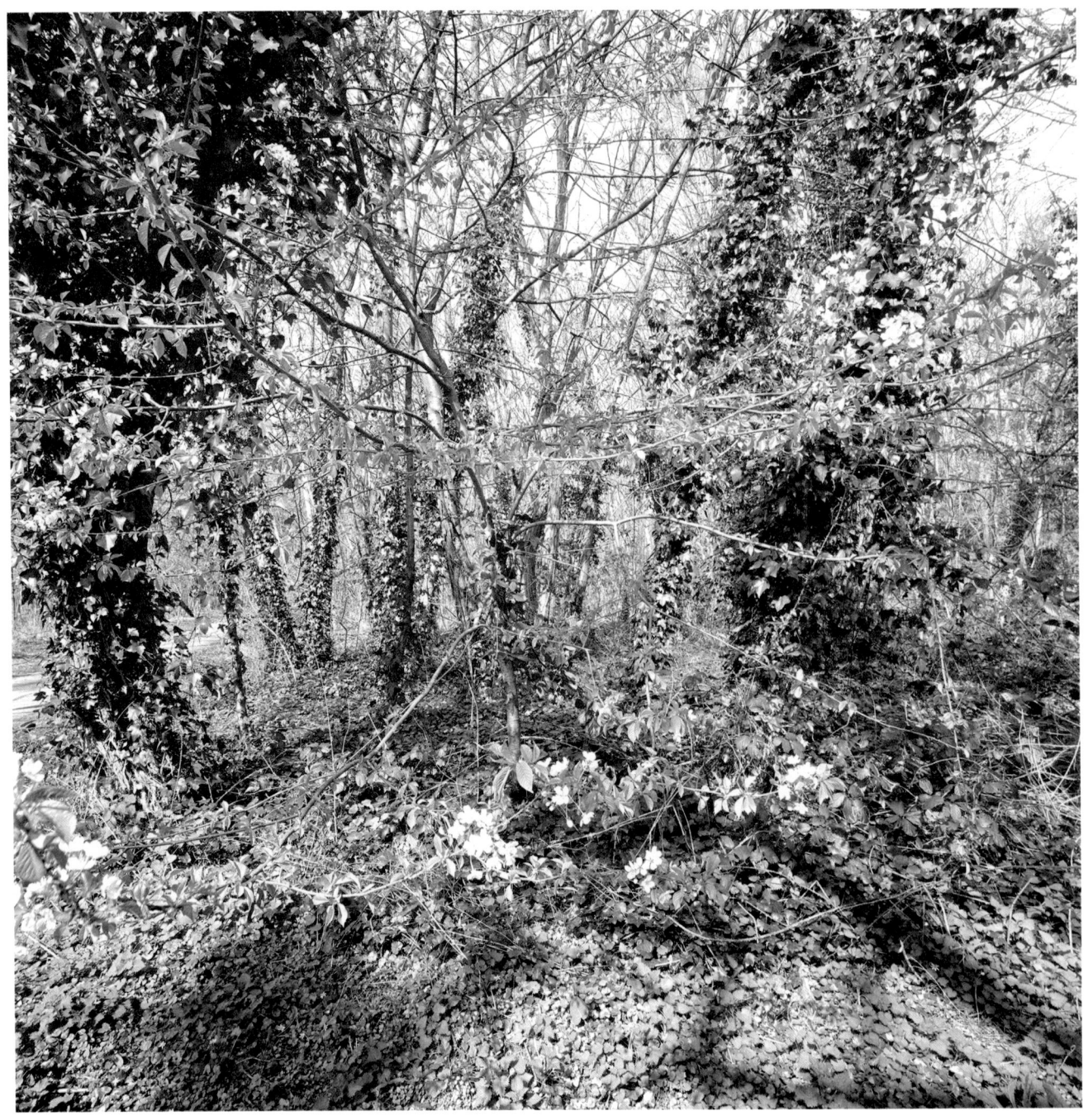

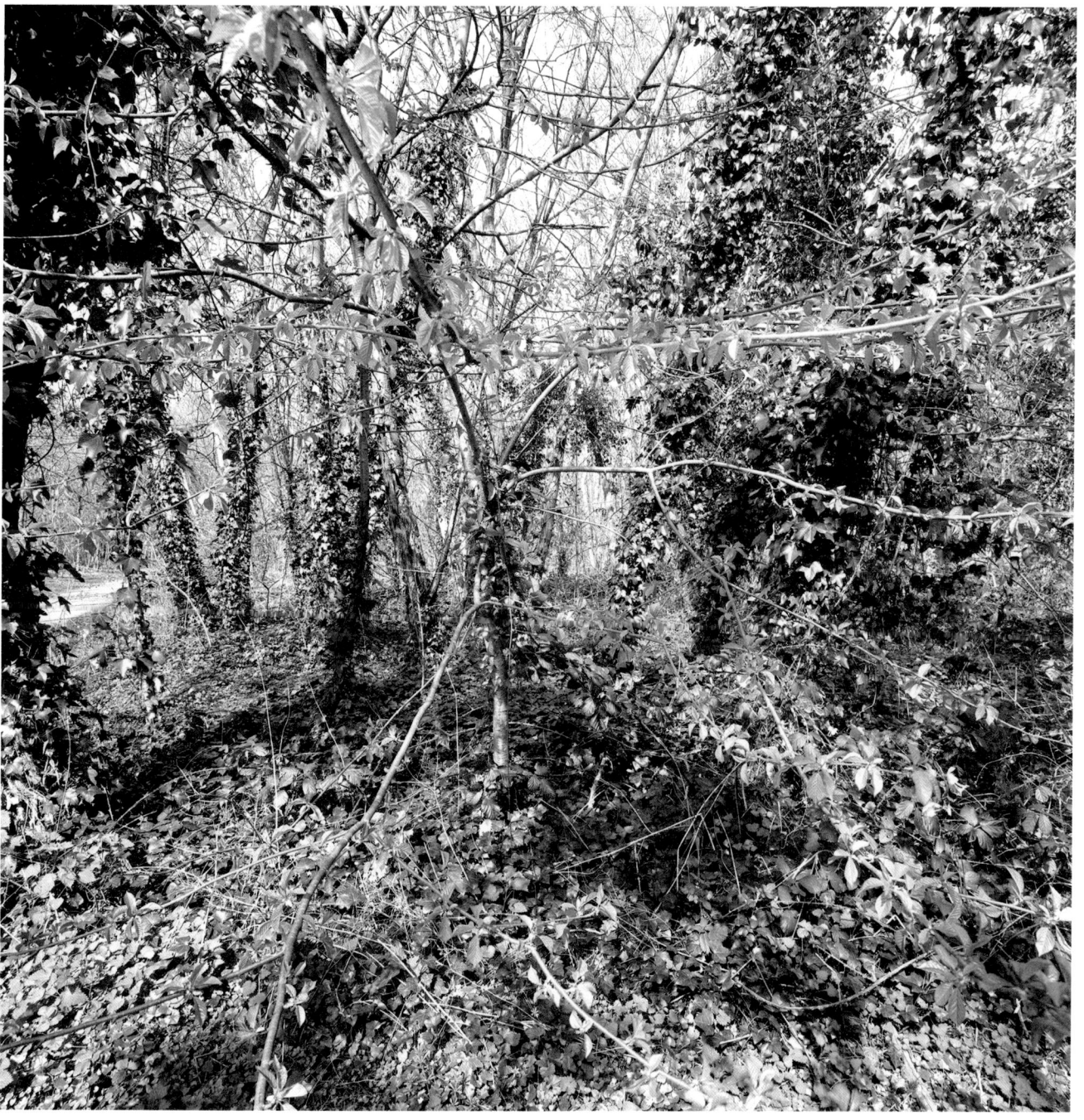

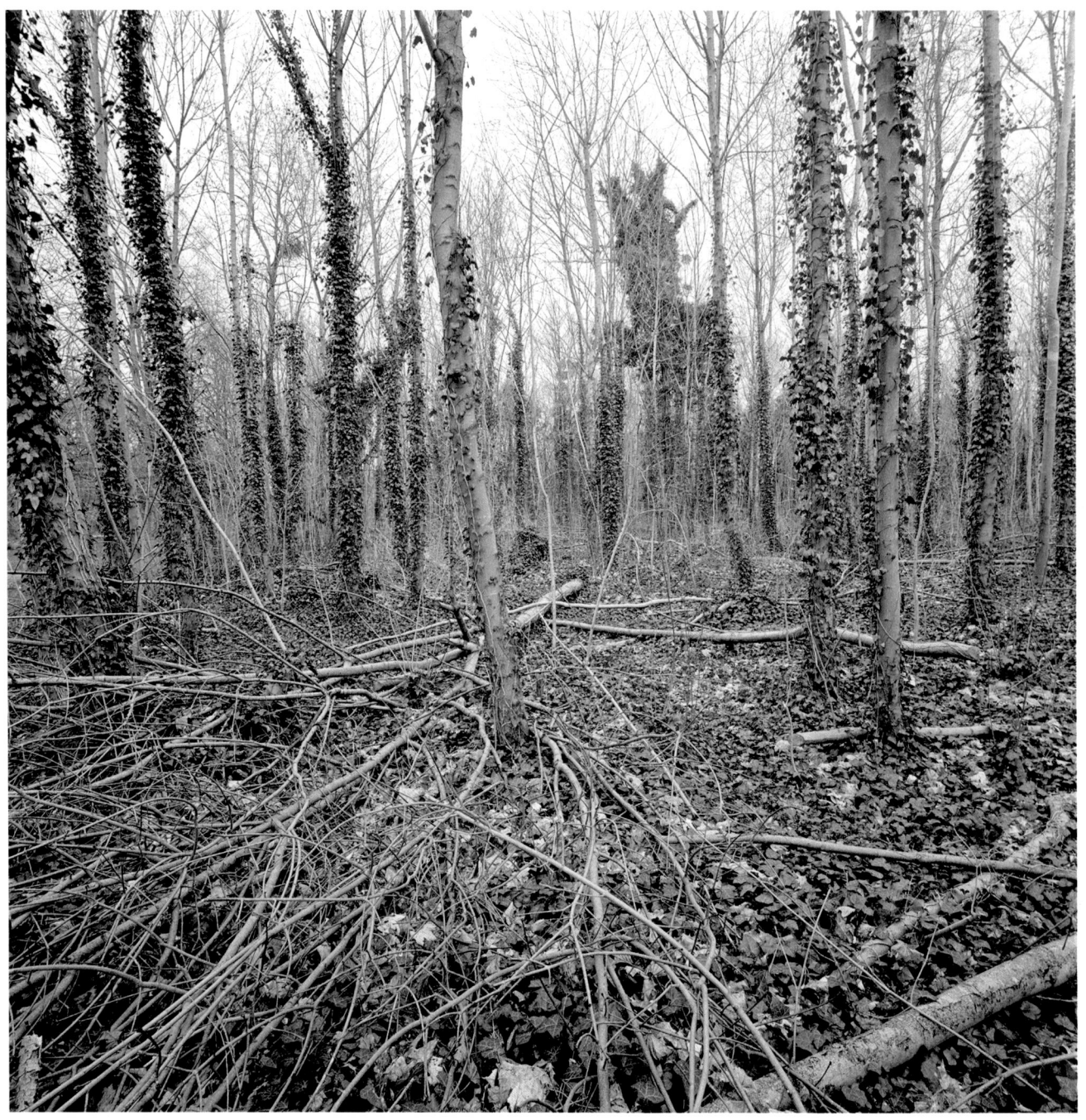

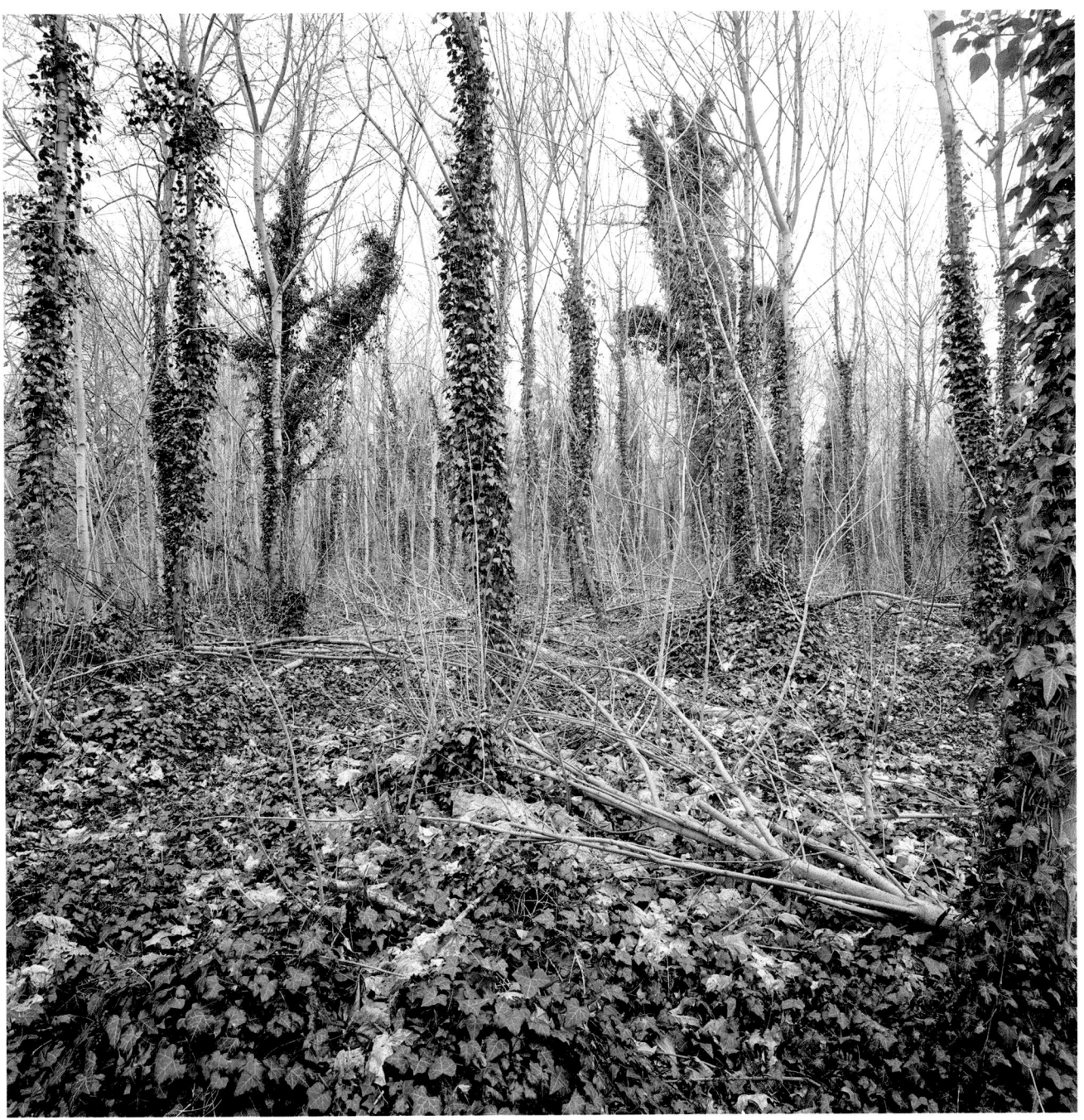

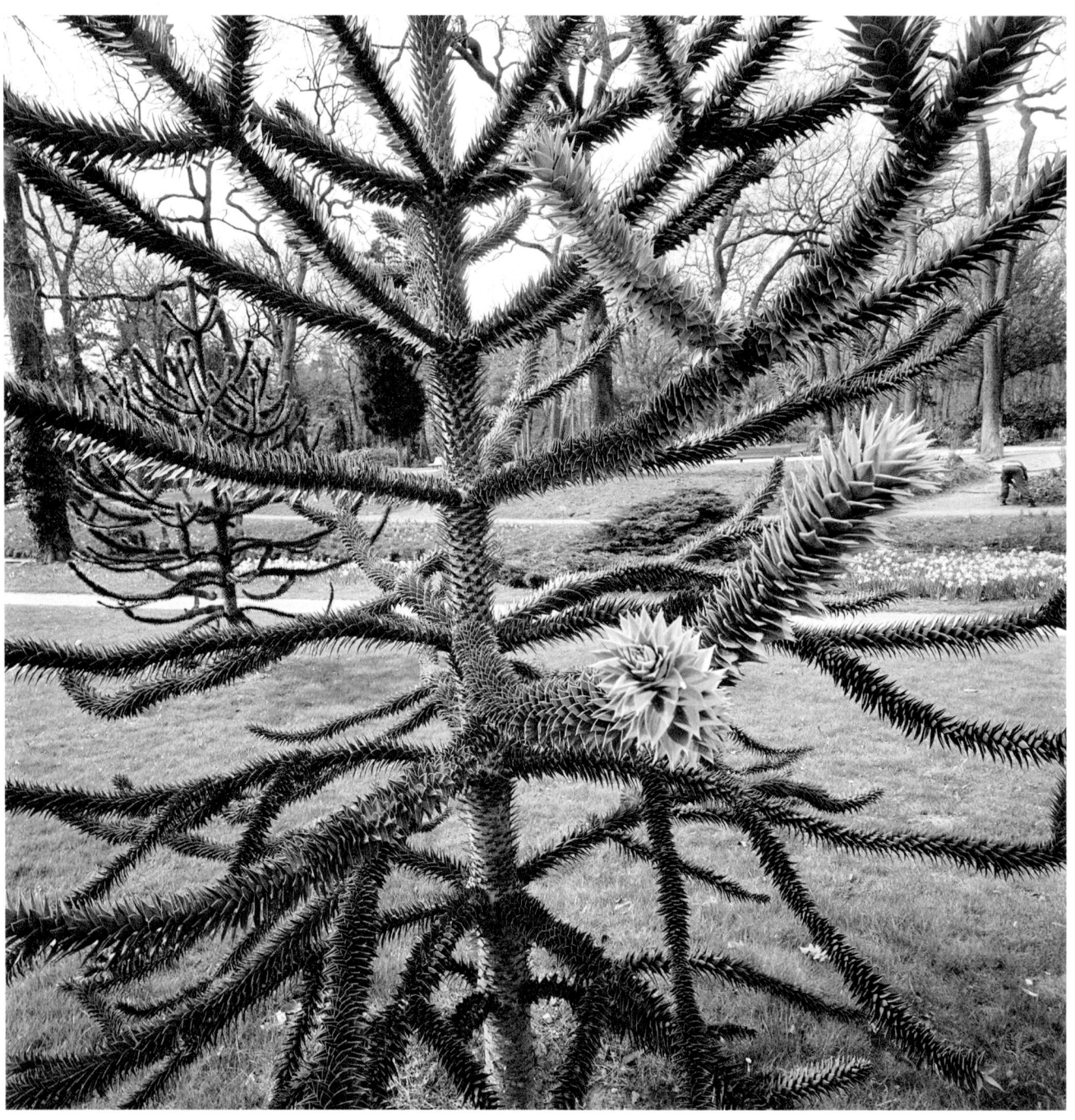

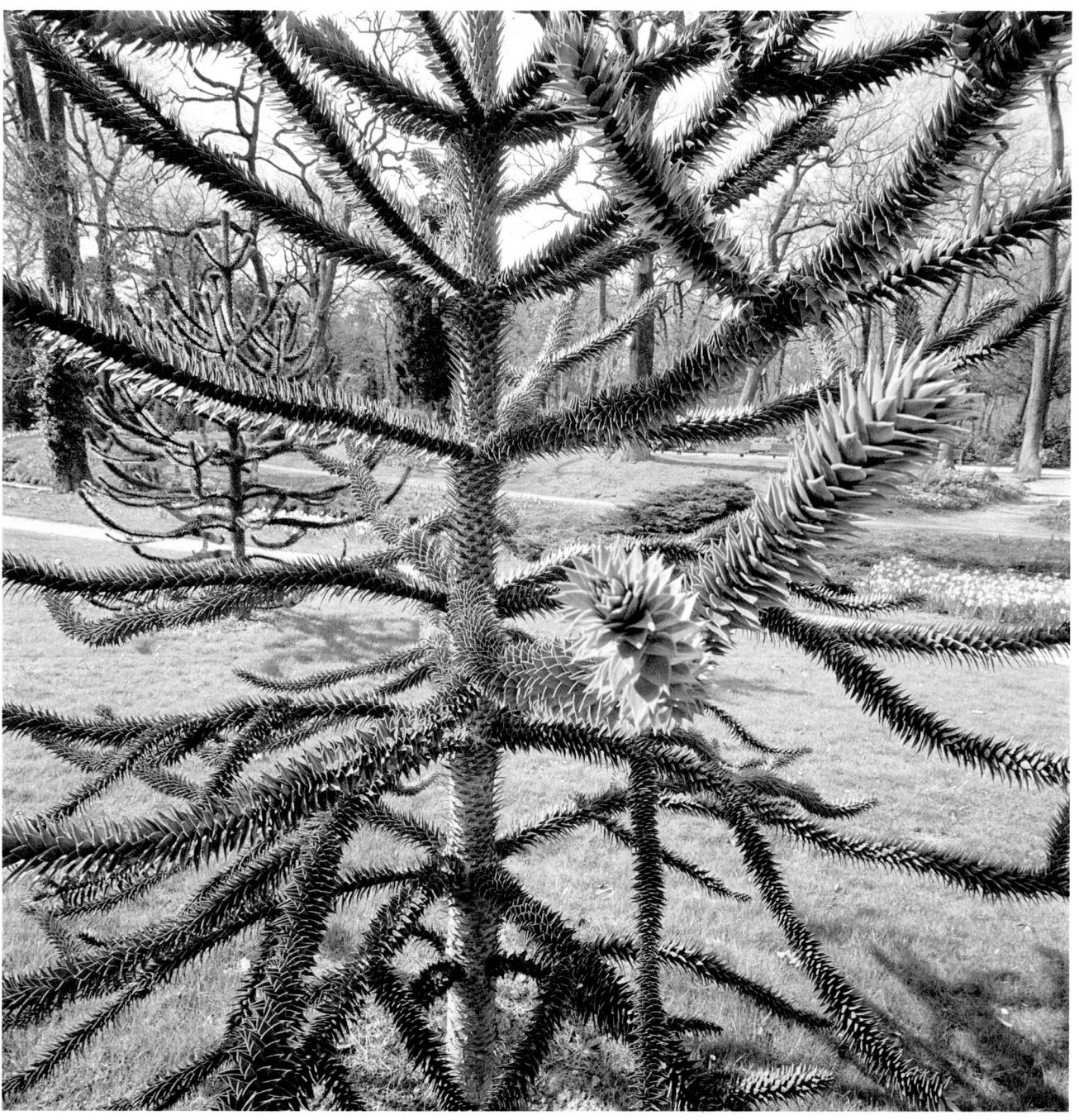

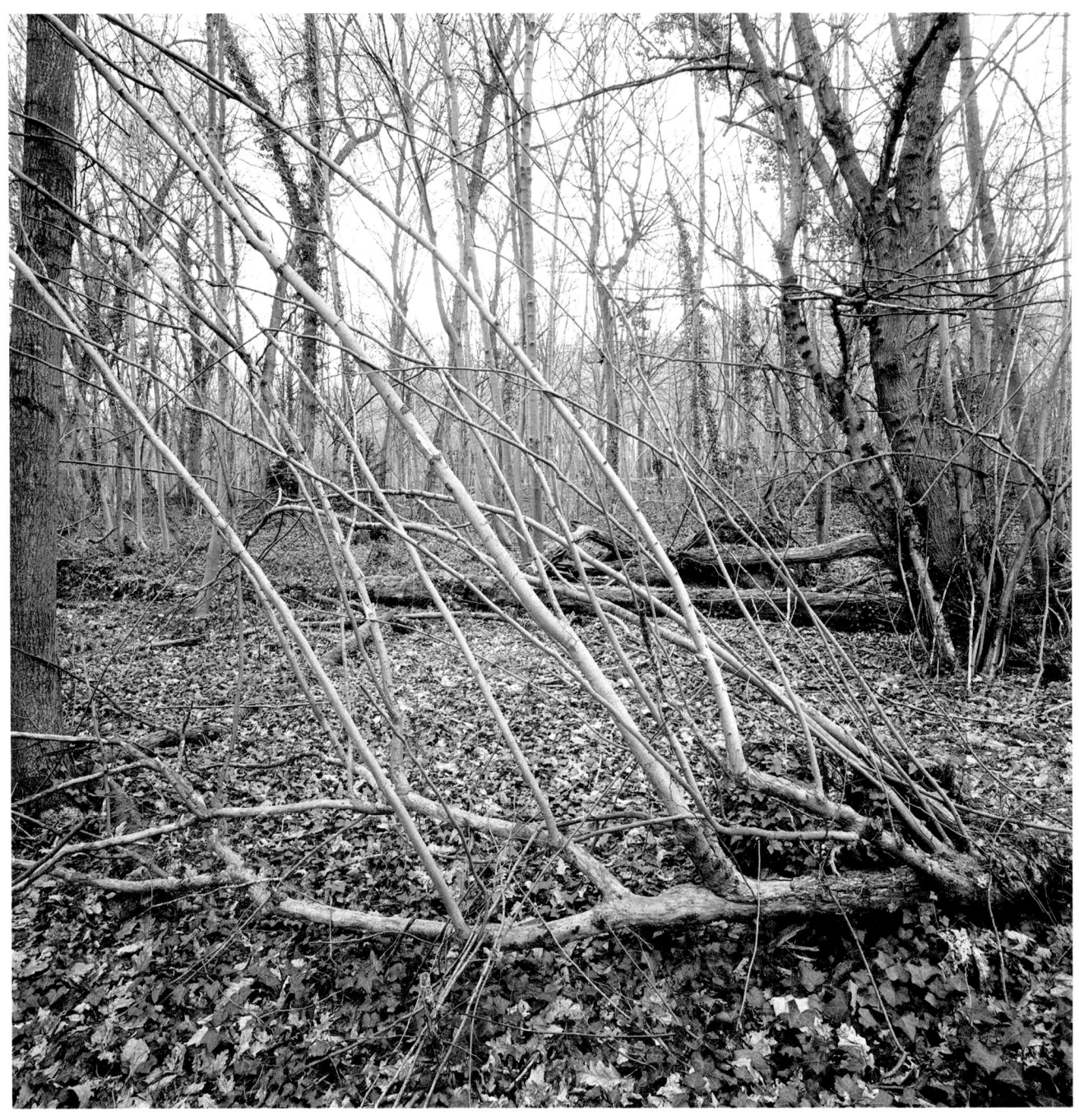

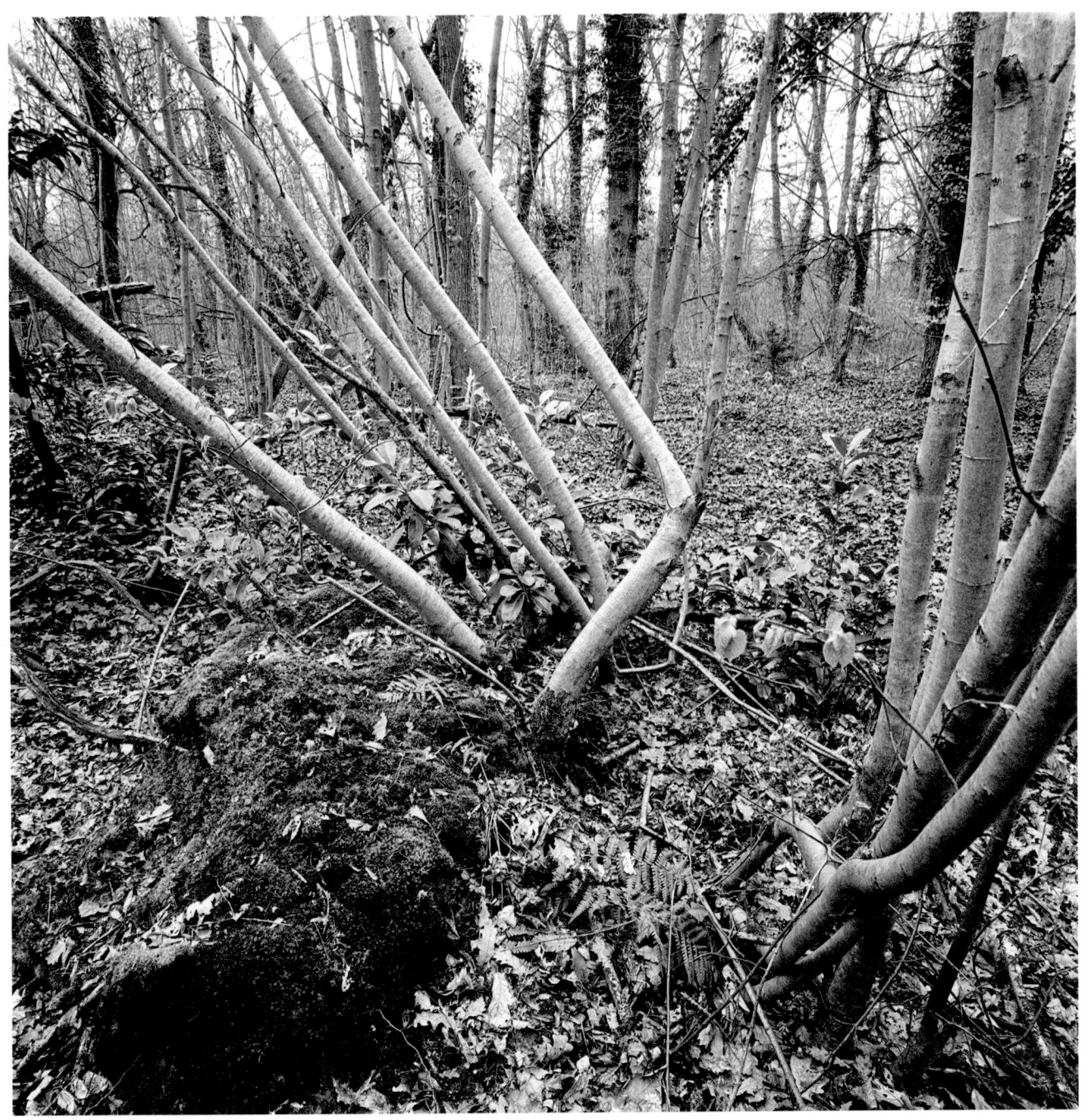

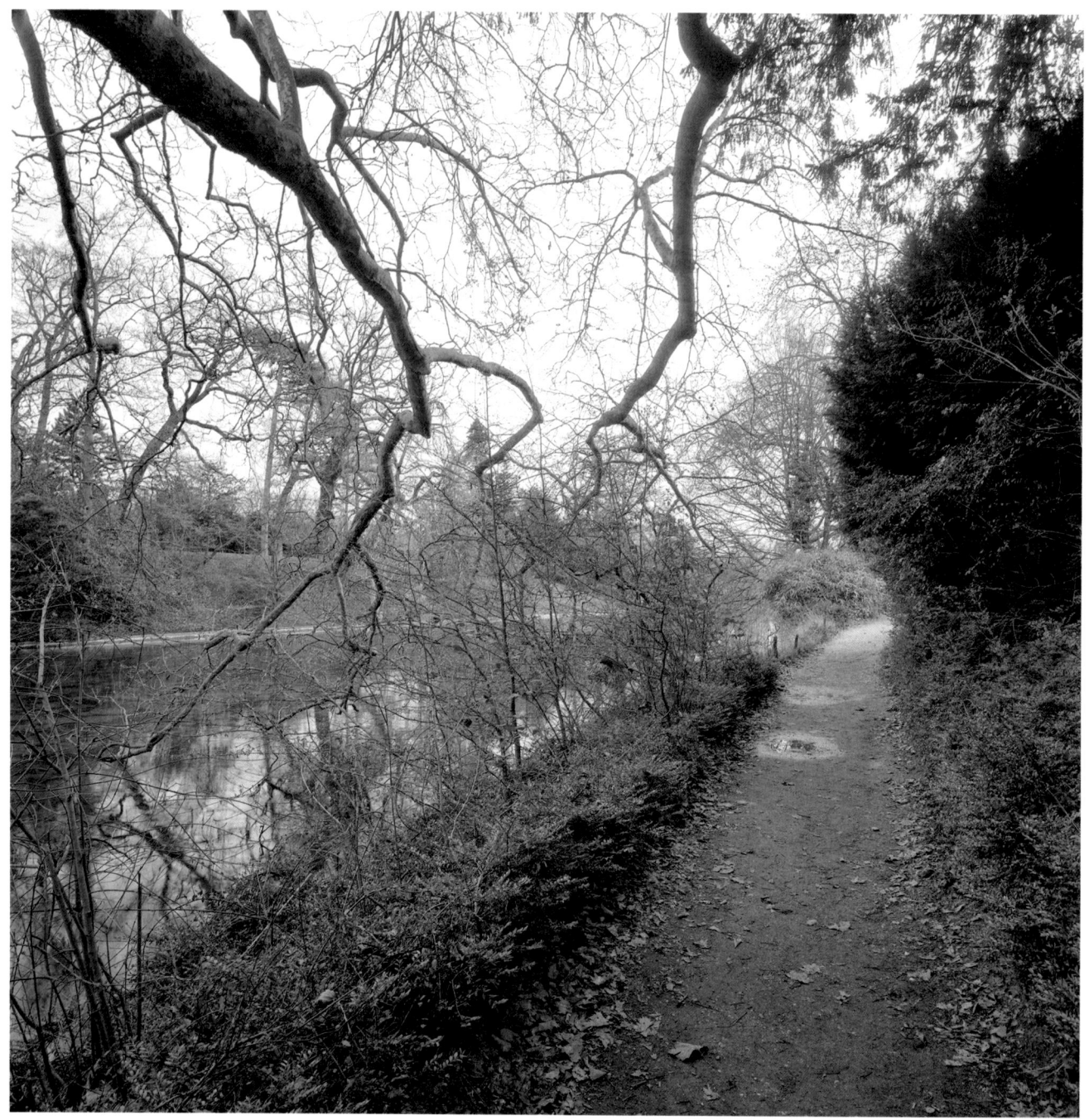

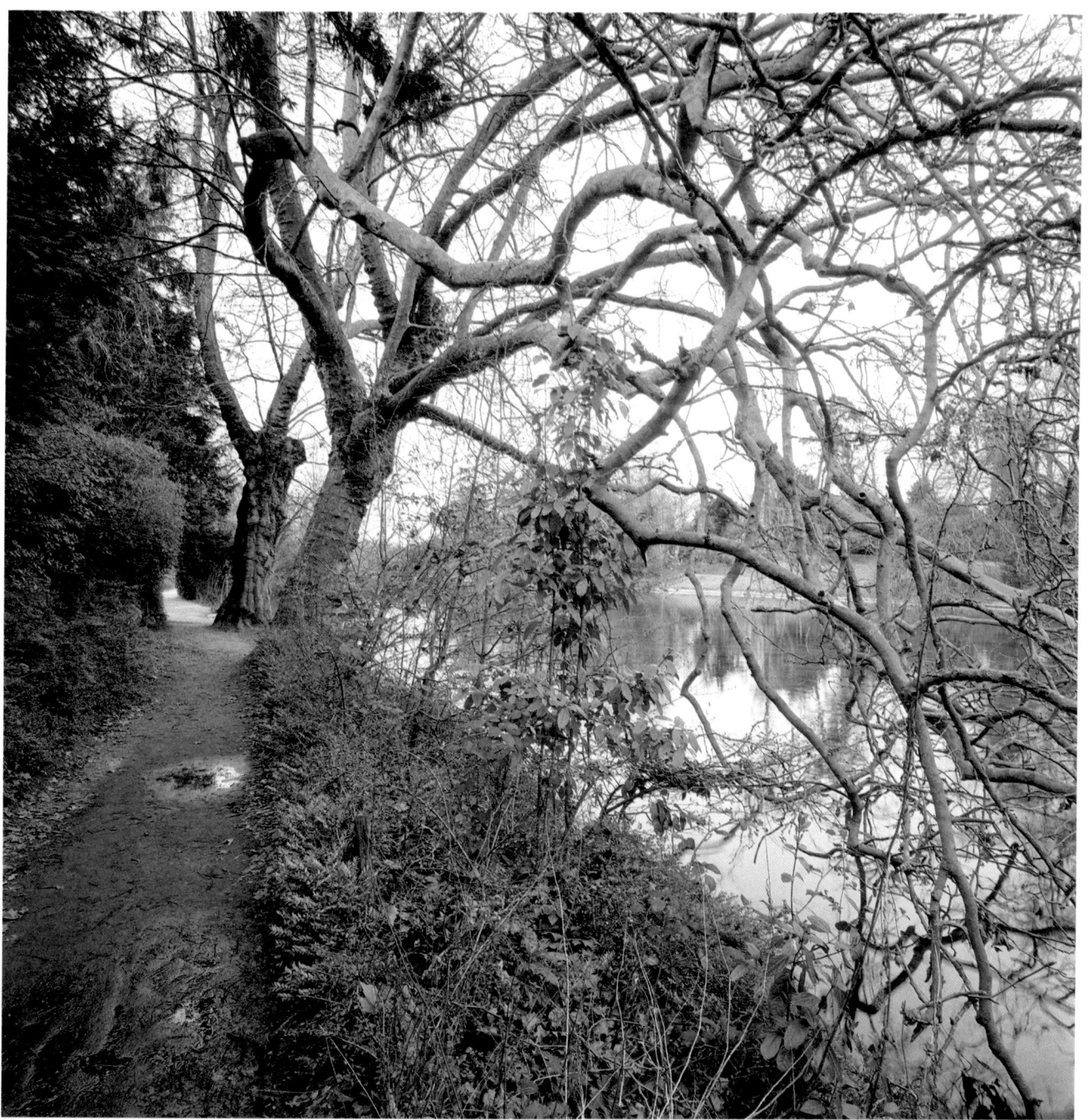

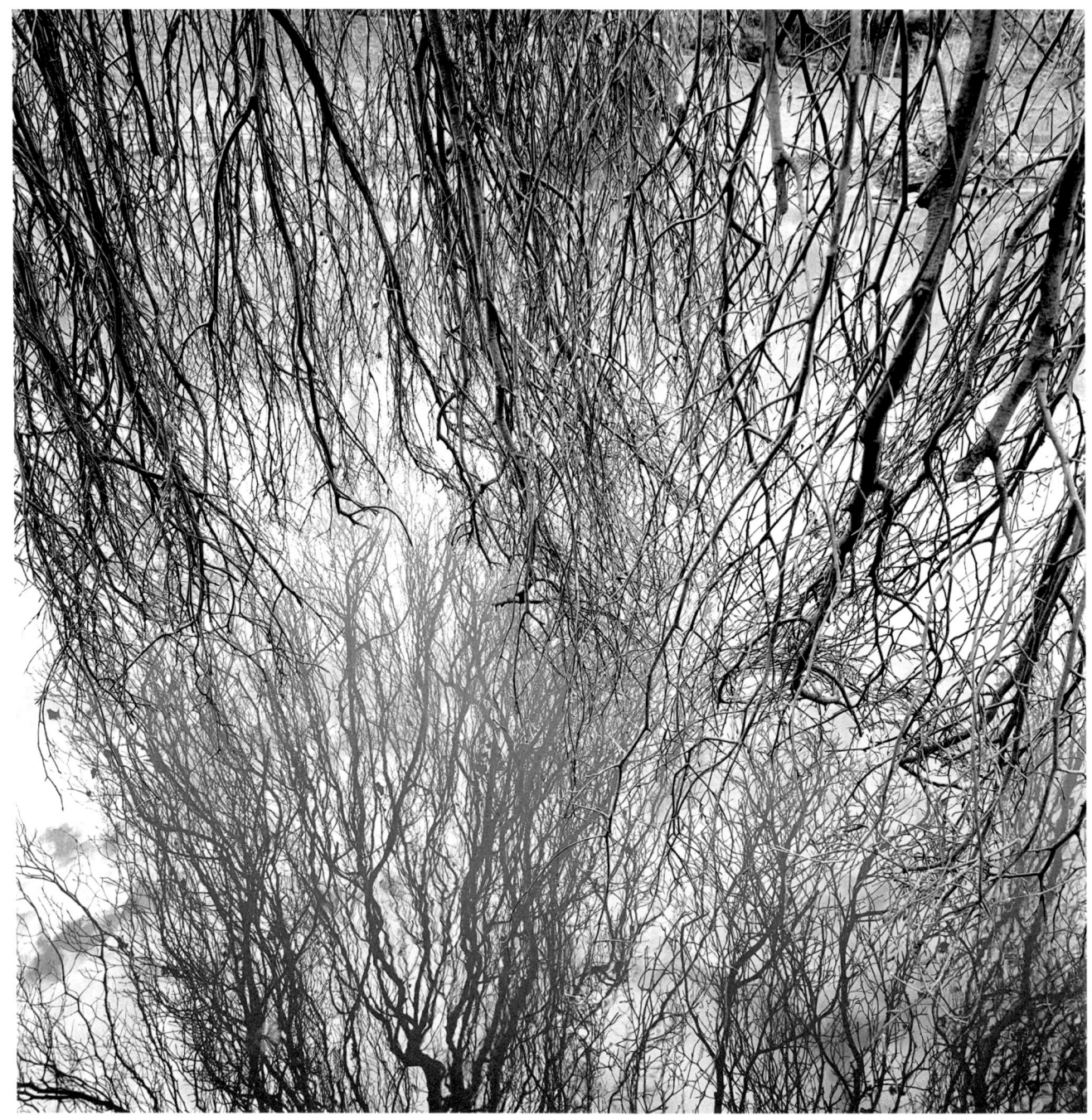

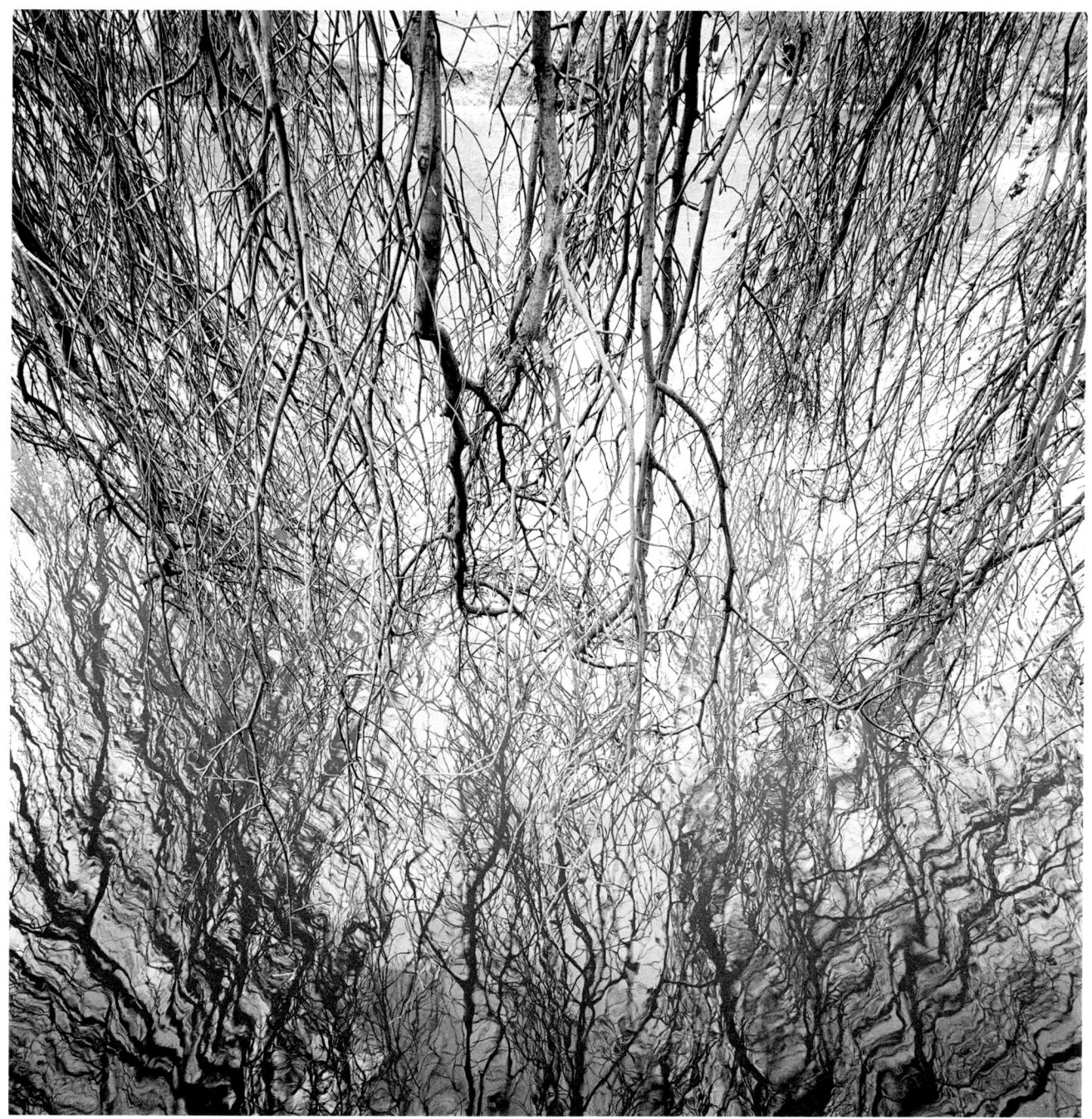

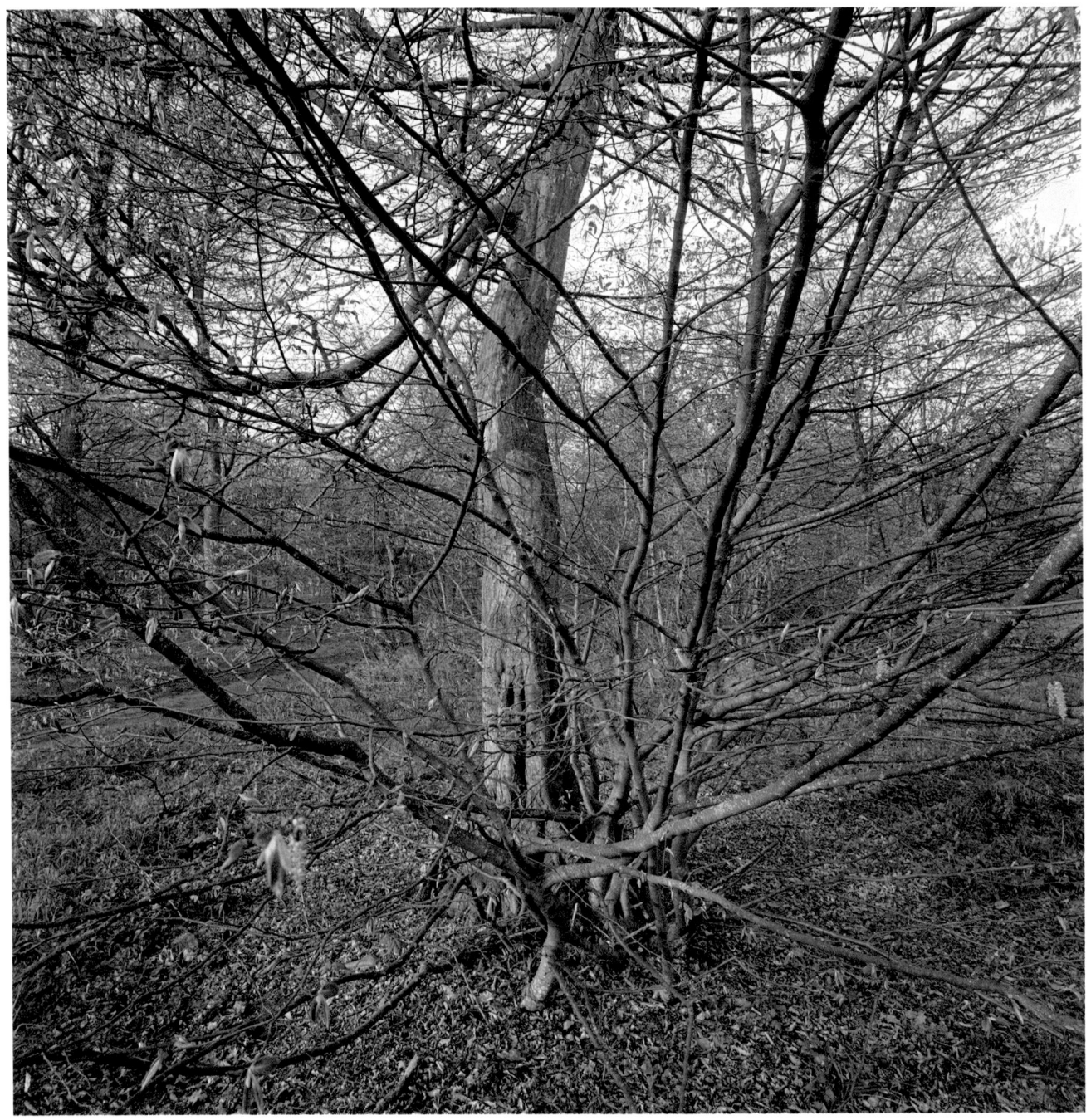

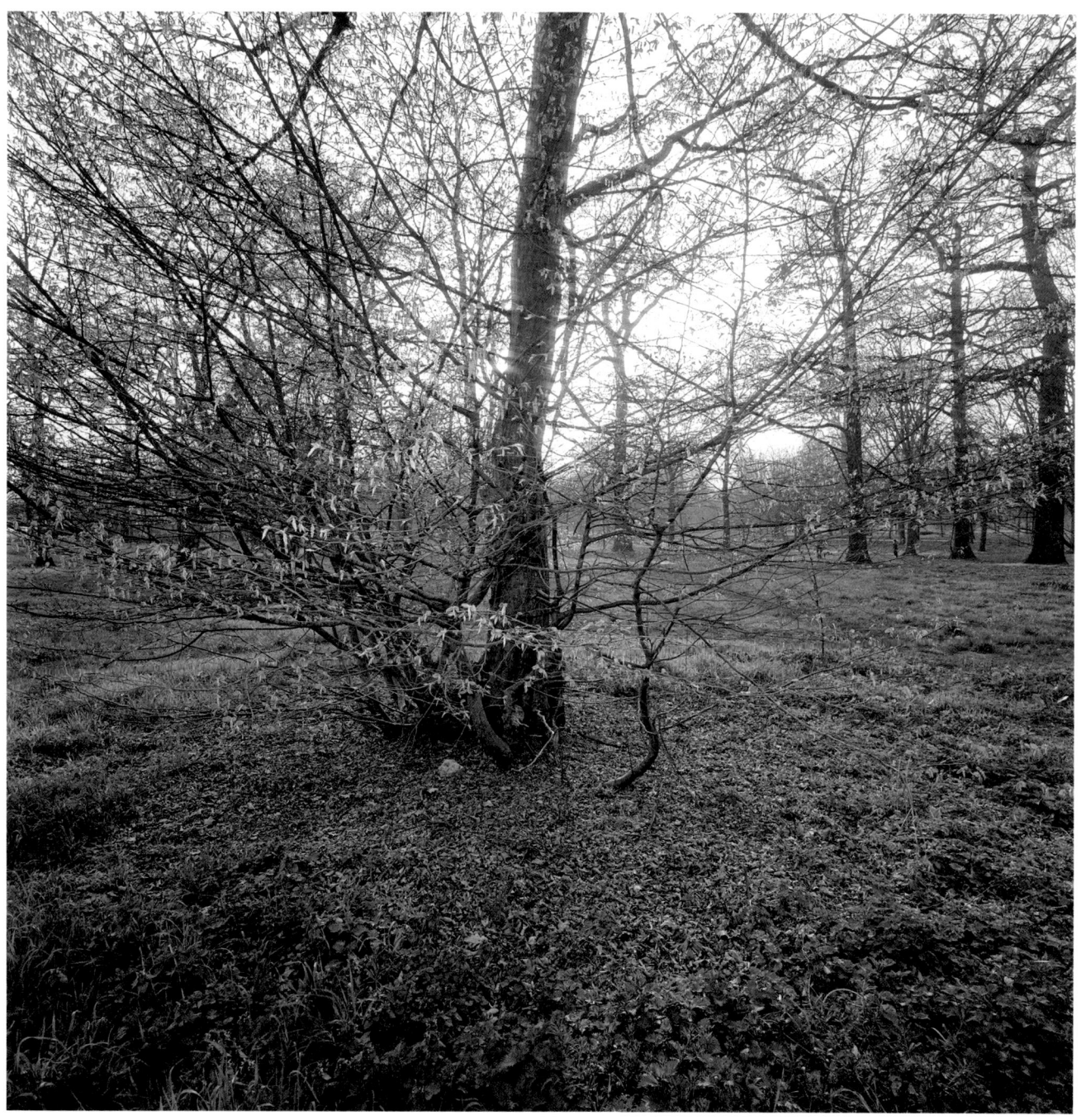

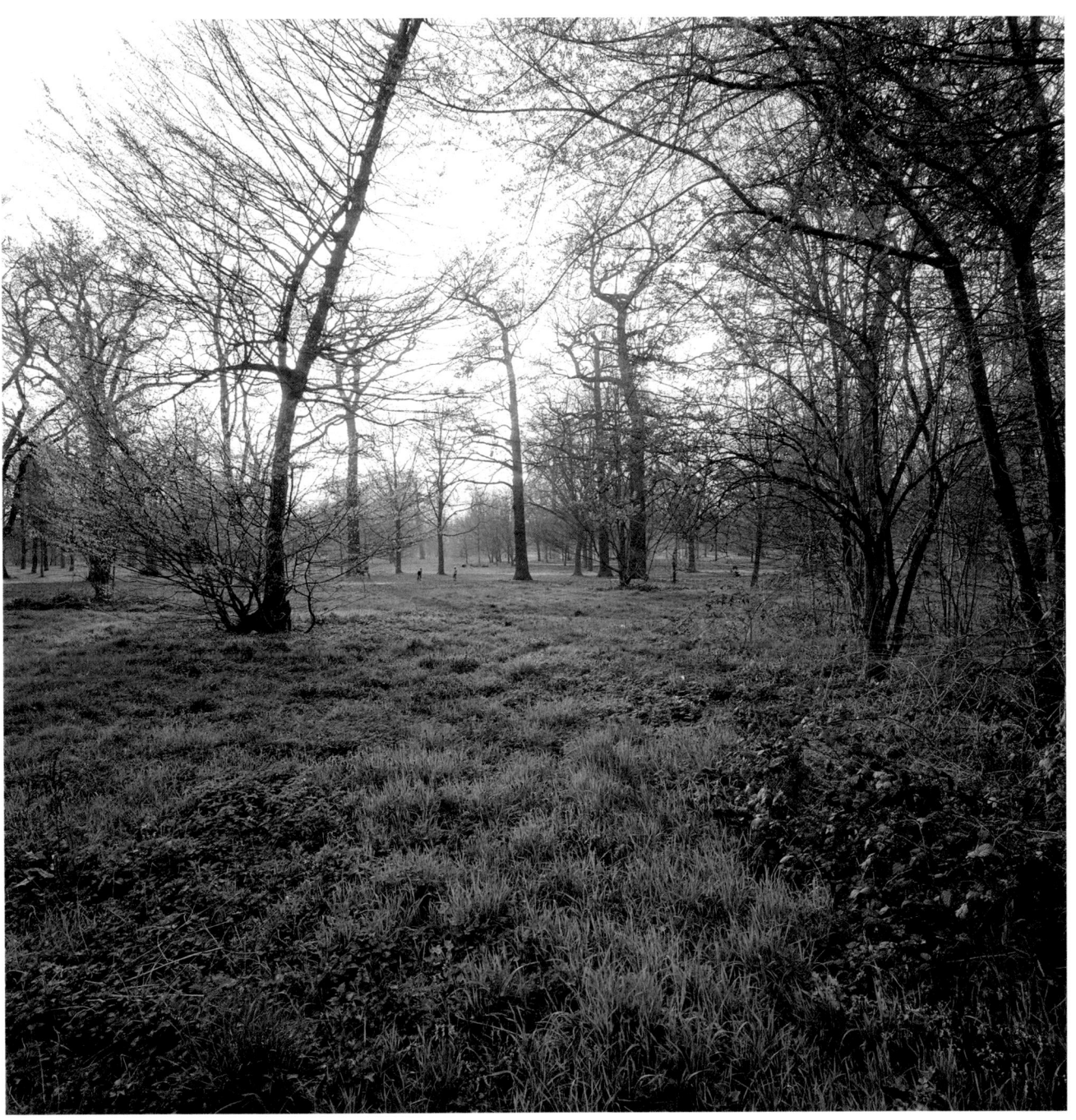

1   PARC MONTSOURIS, 2017

2   BOIS DE BOULOGNE, 2017

3   PARC MONTSOURIS, 2017

4   BOIS DE BOULOGNE, 2017

5   BOIS DE VINCENNES, 2019

6   BOIS DE BOULOGNE, 2017

7   PARC DE SAINT-CLOUD, 2017

8   BOIS DE BOULOGNE, 2017

9   PARC MONTSOURIS, 2017

10 BOIS DE VINCENNES, 2019

11 BOIS DE VINCENNES, 2019

PART THREE

I

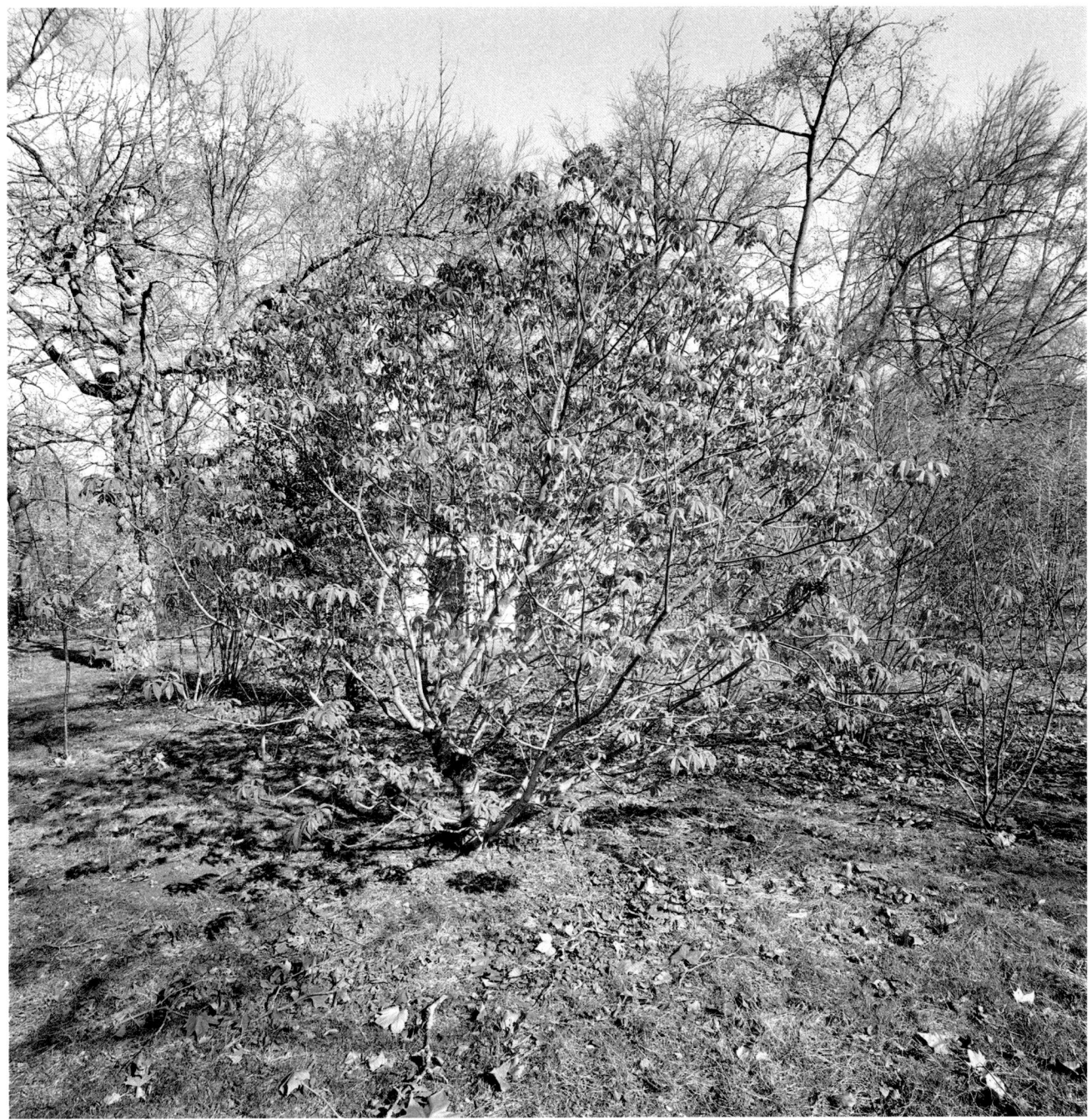

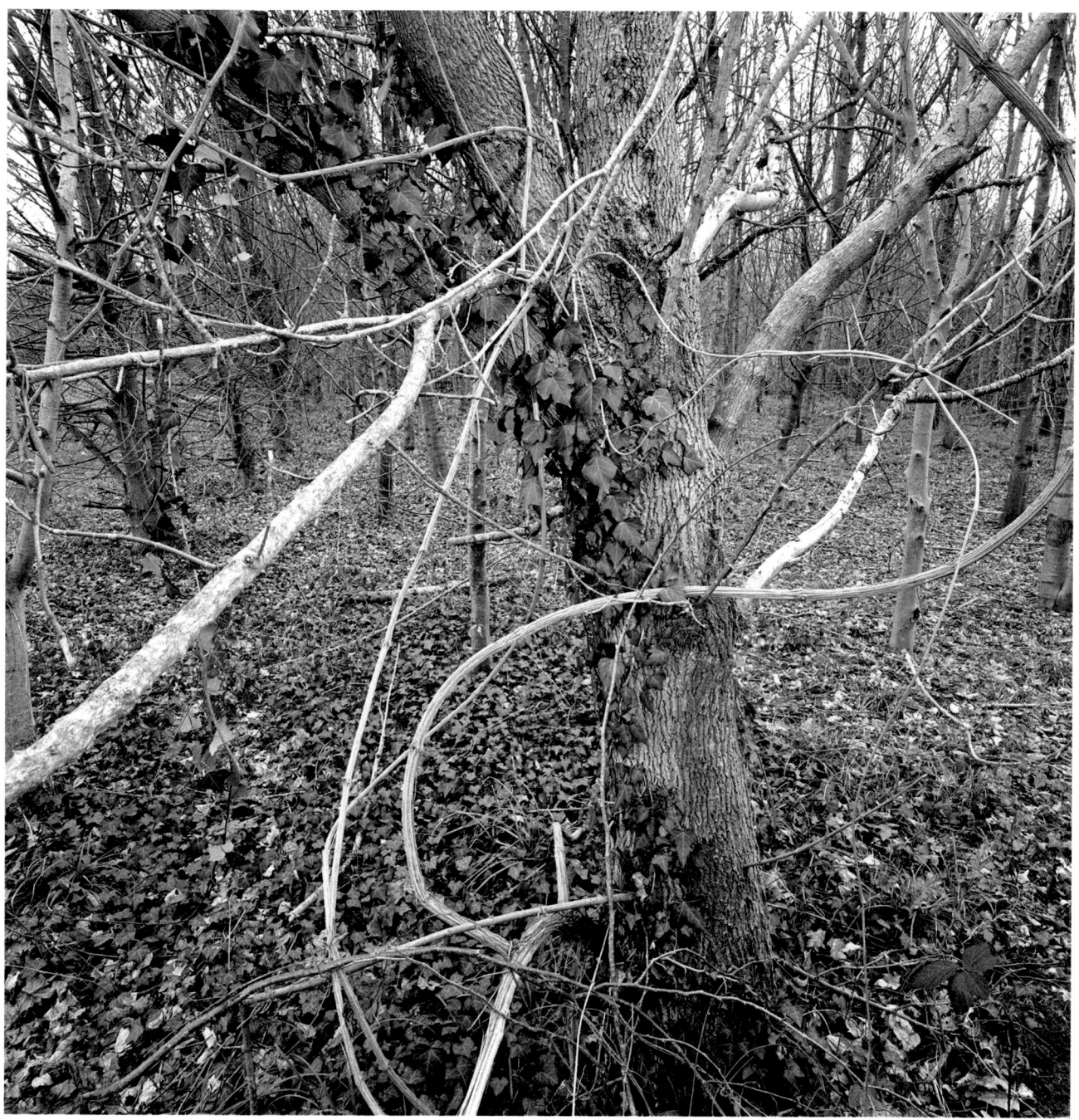

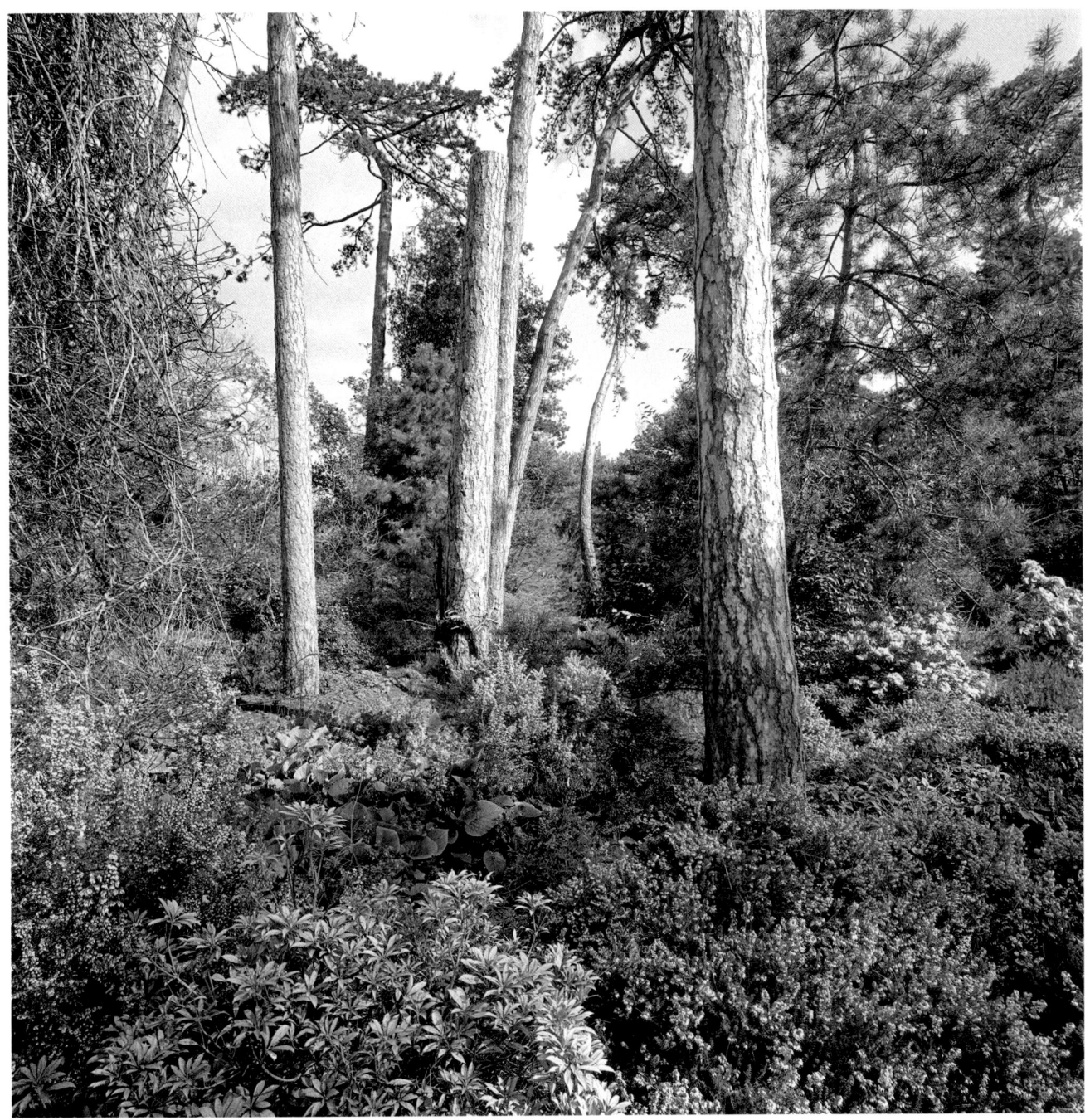

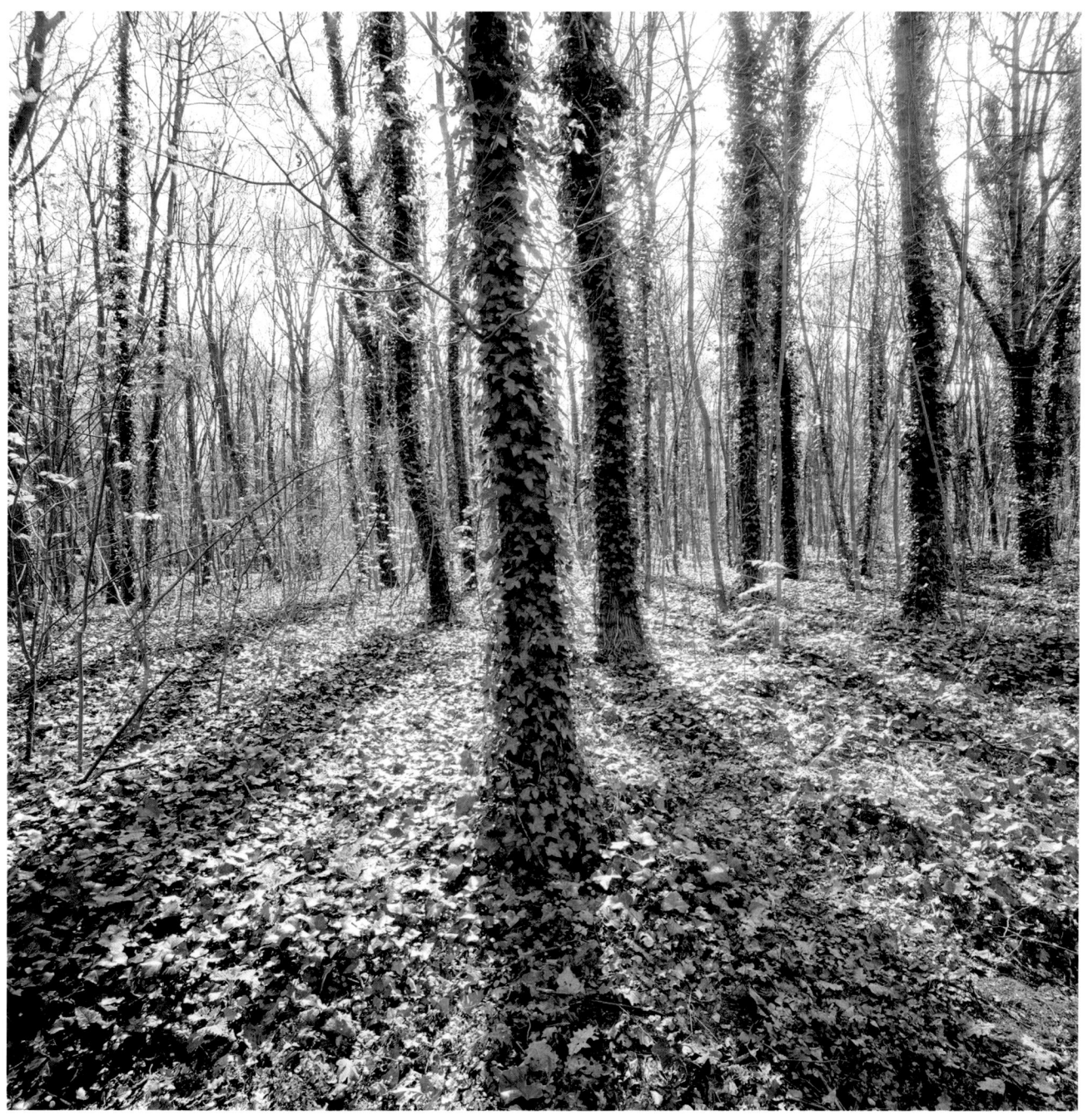

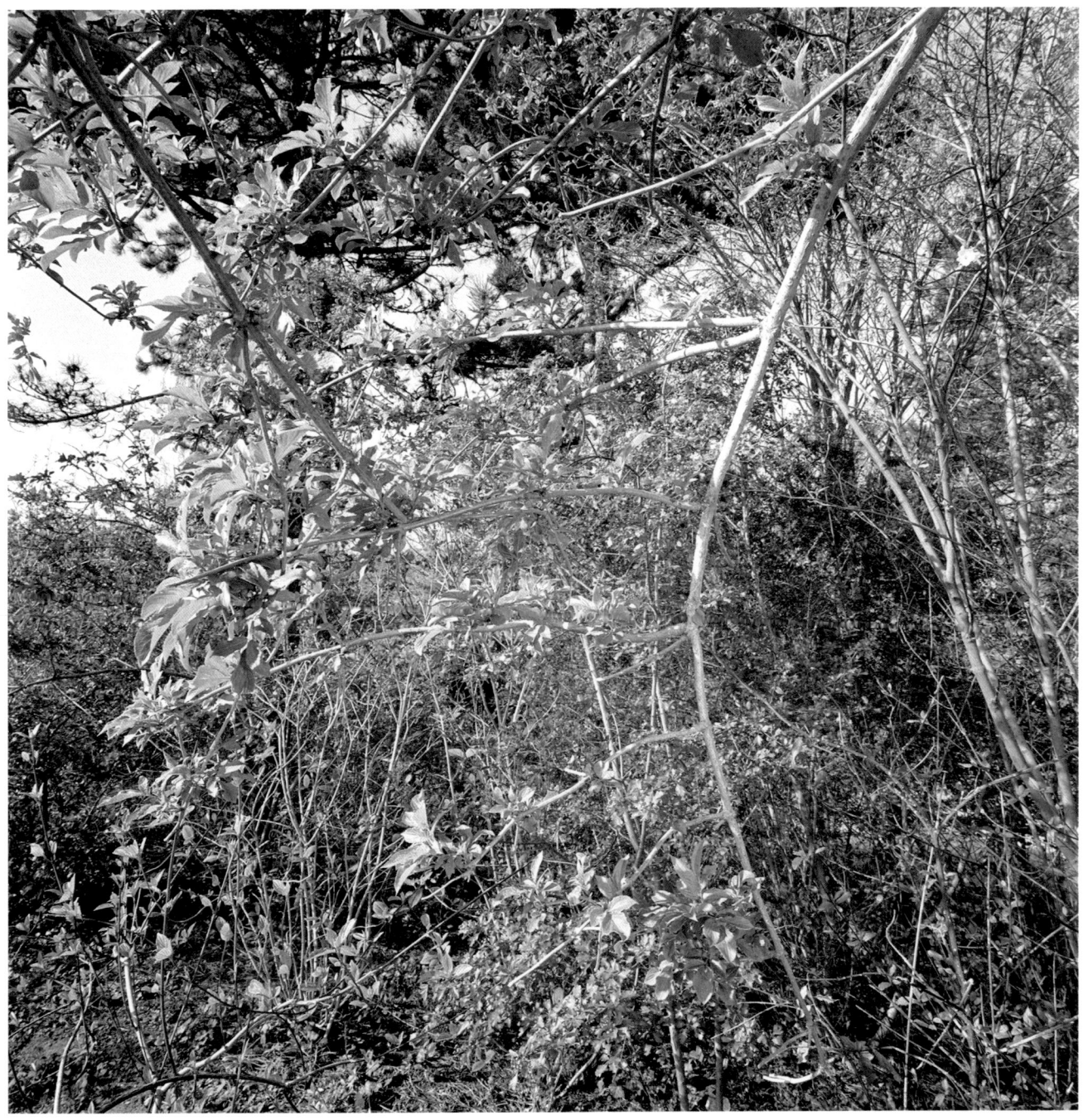

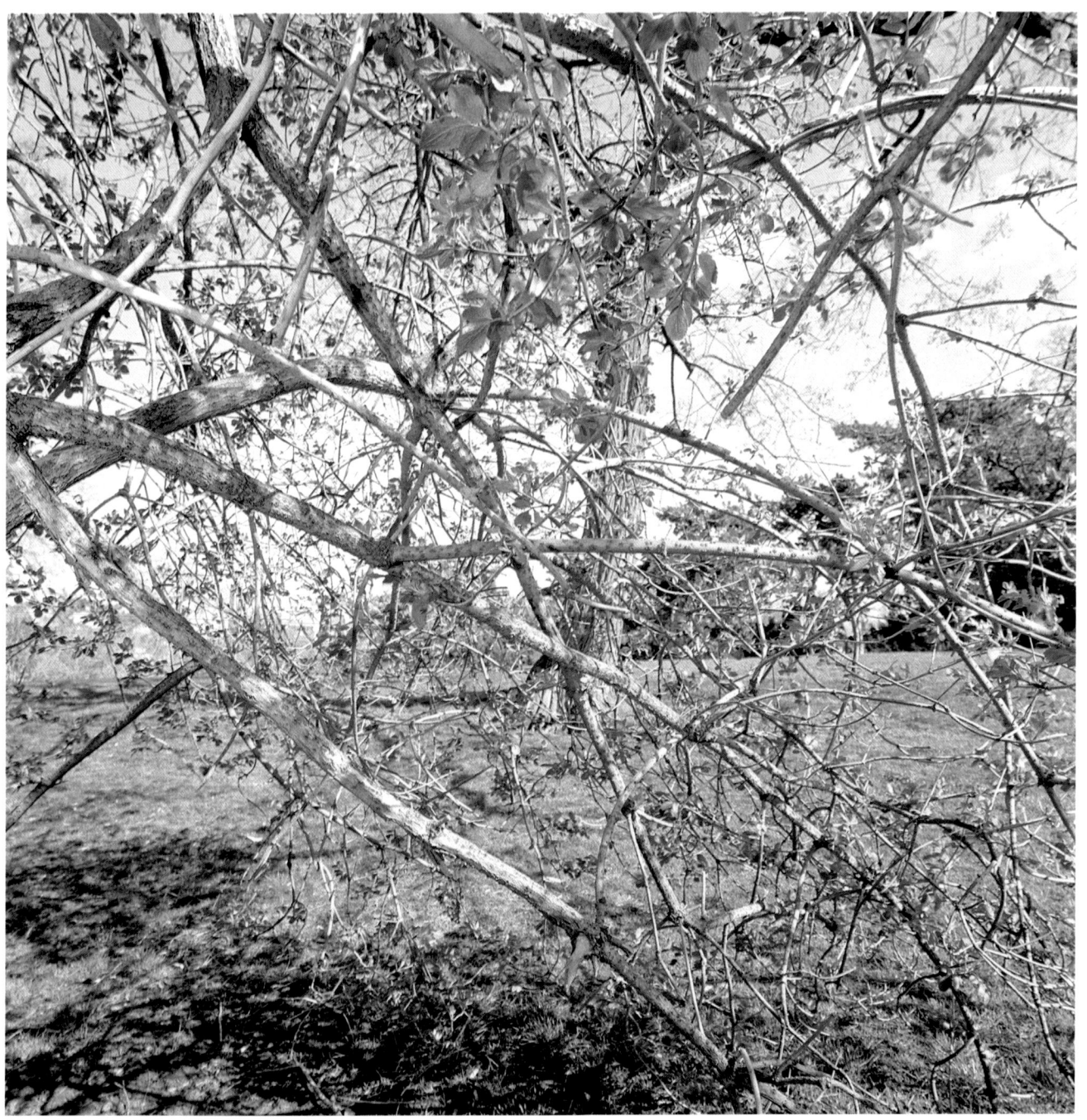

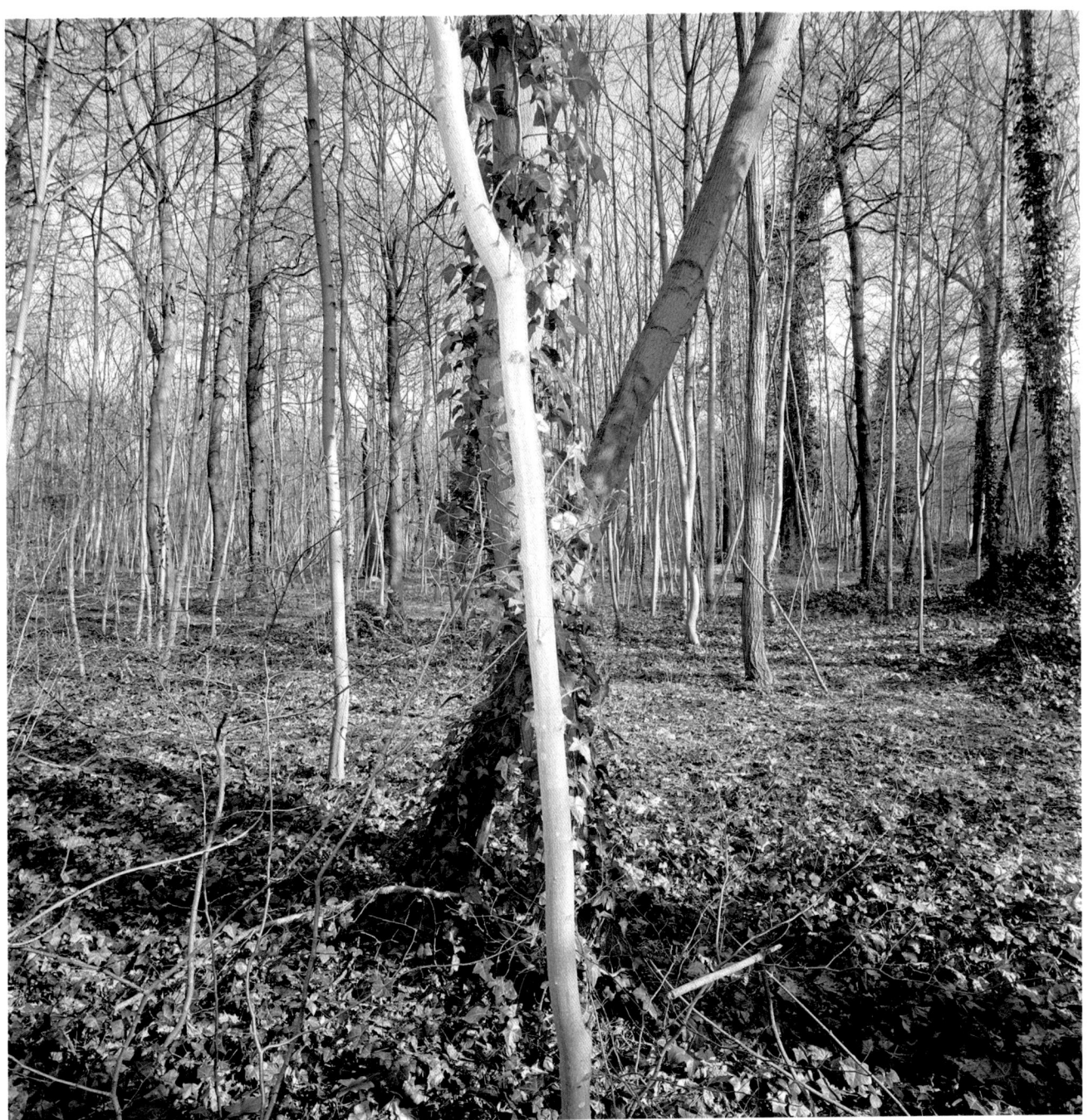

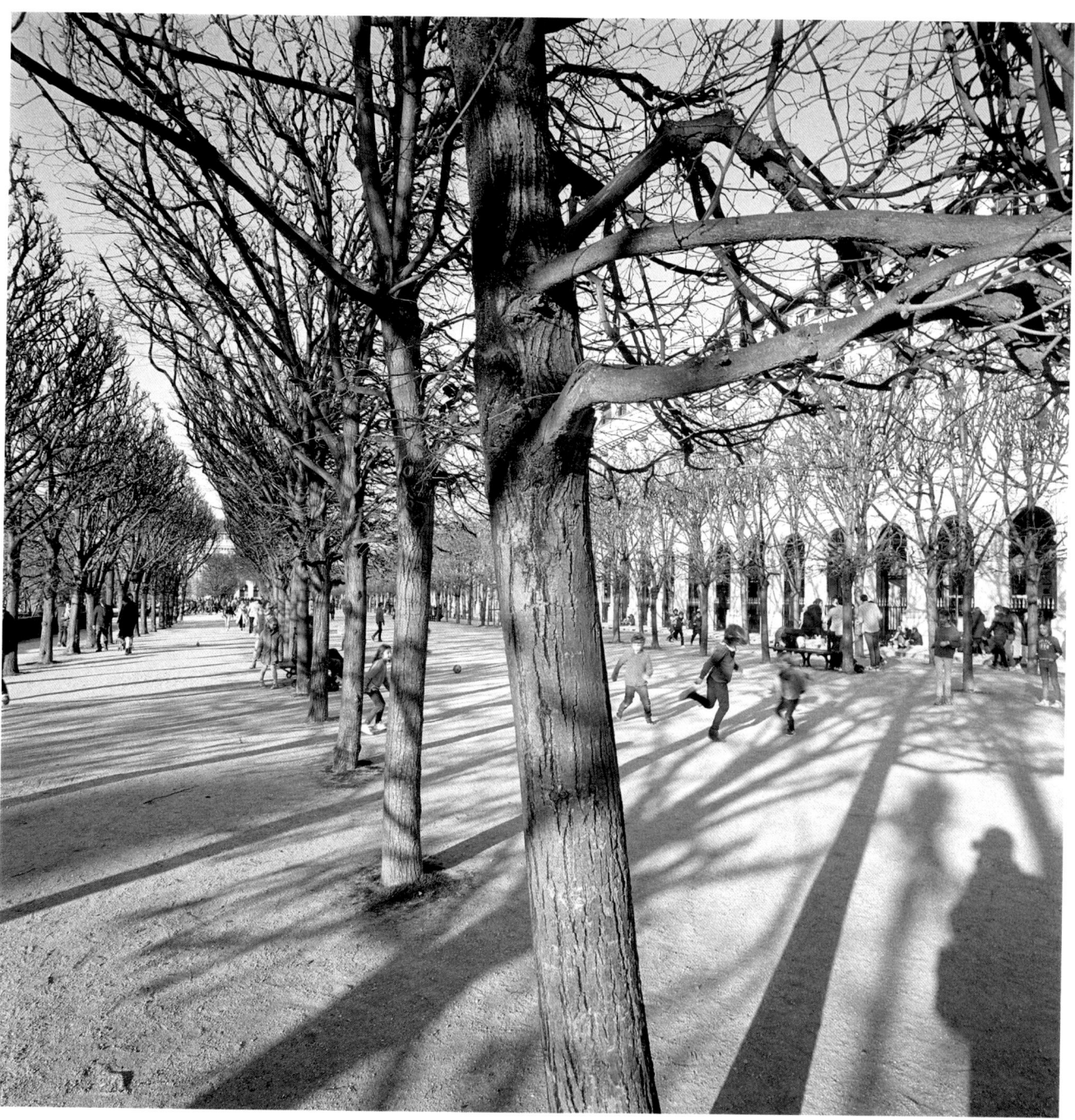

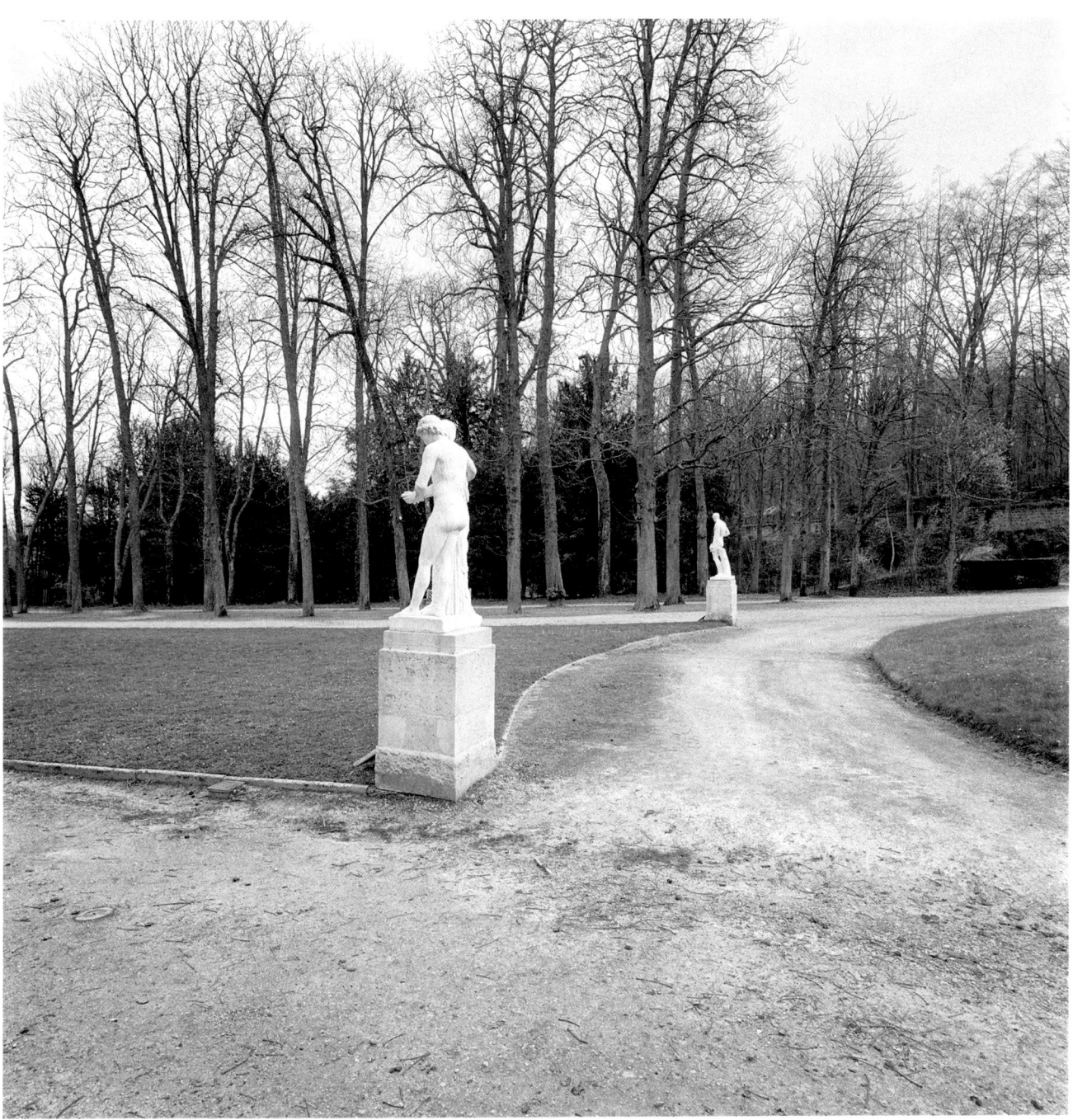

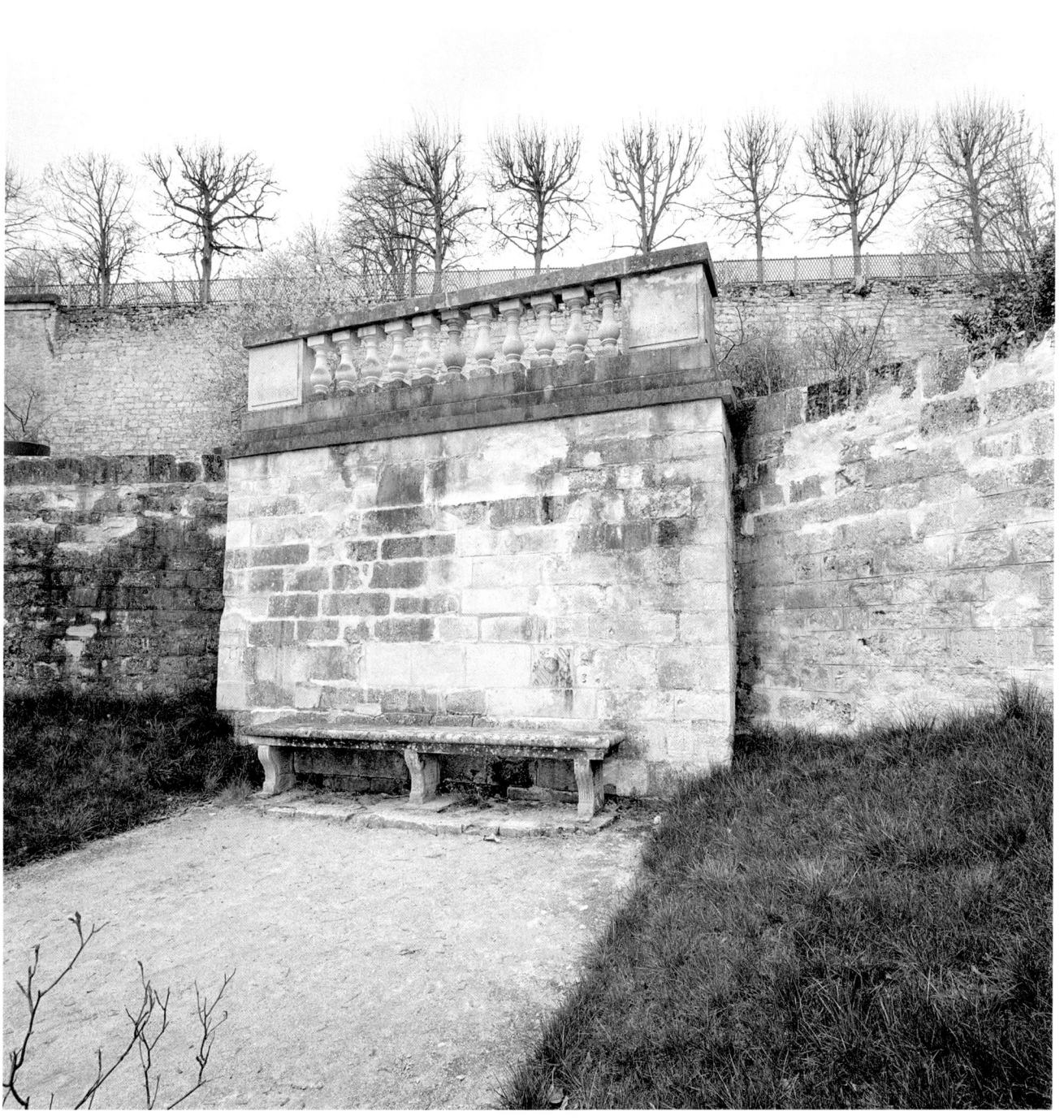

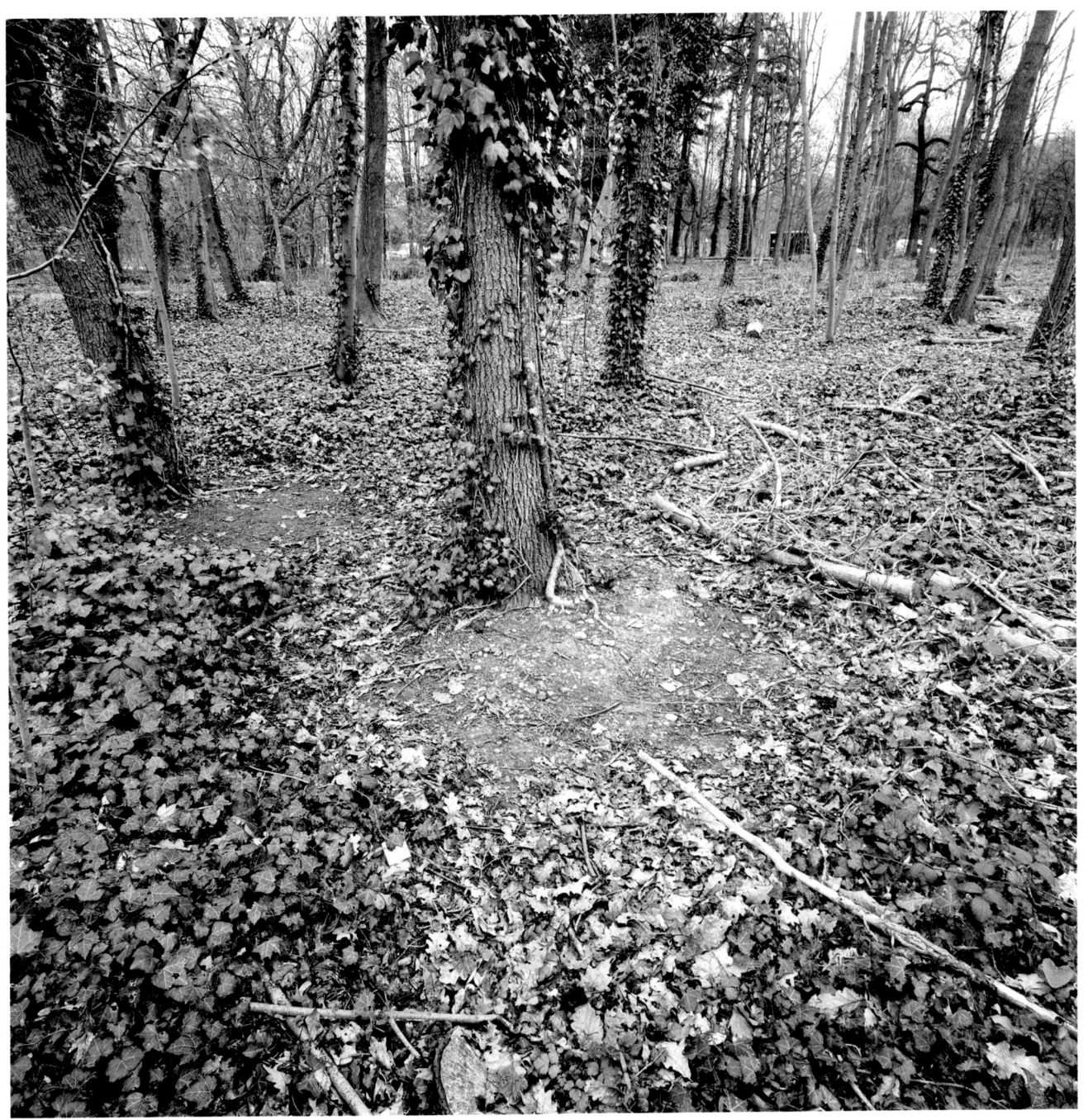

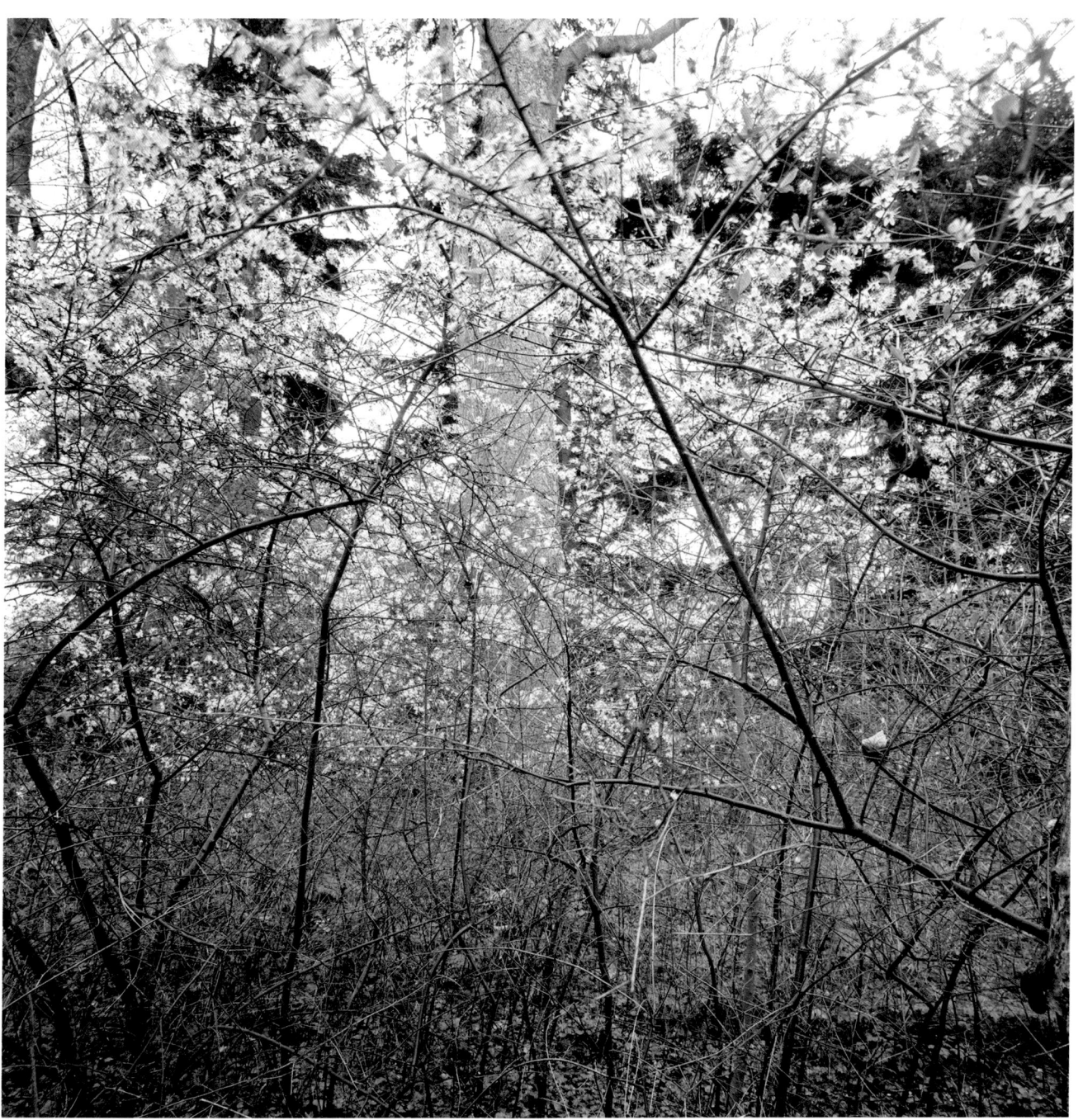

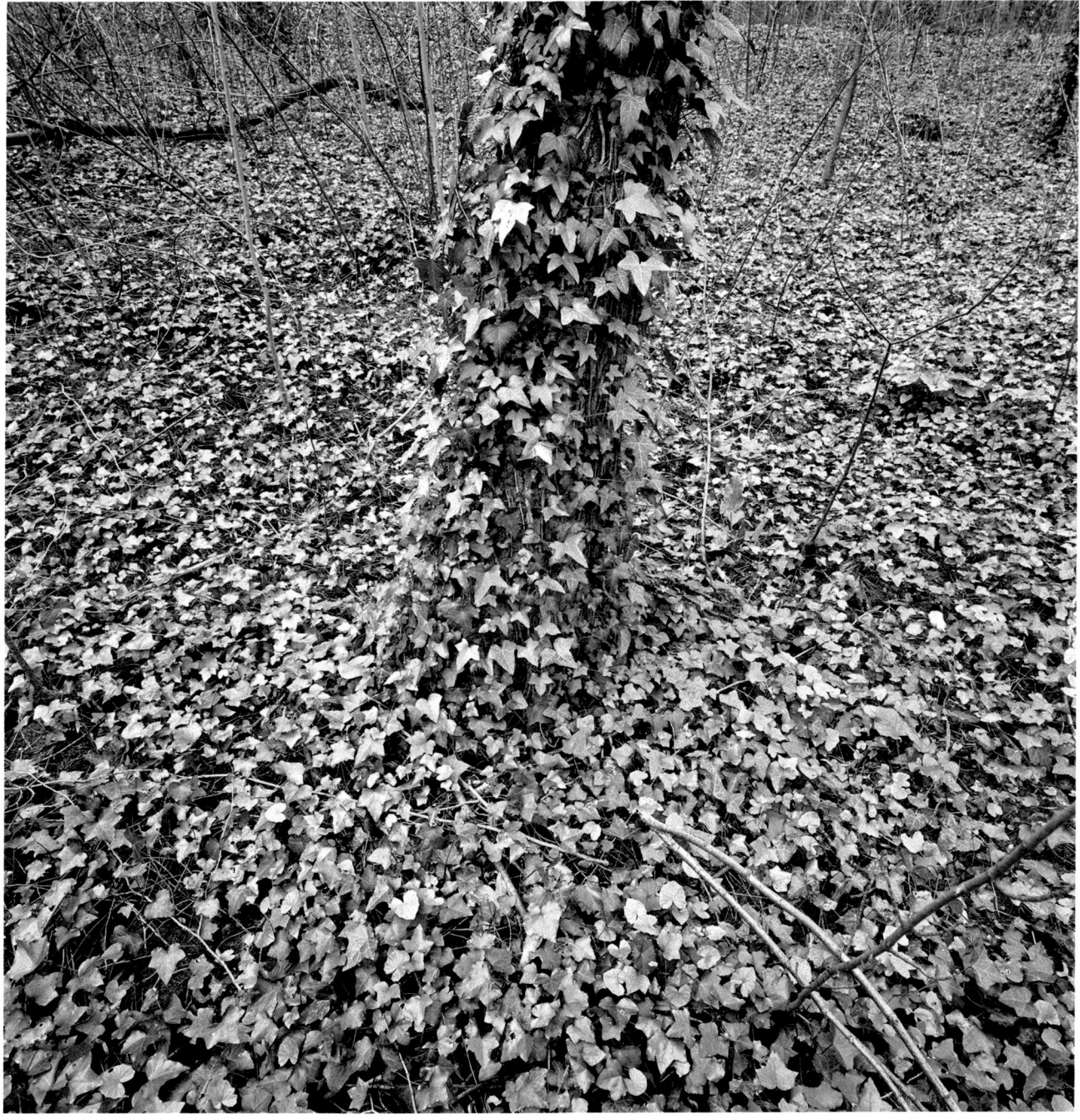

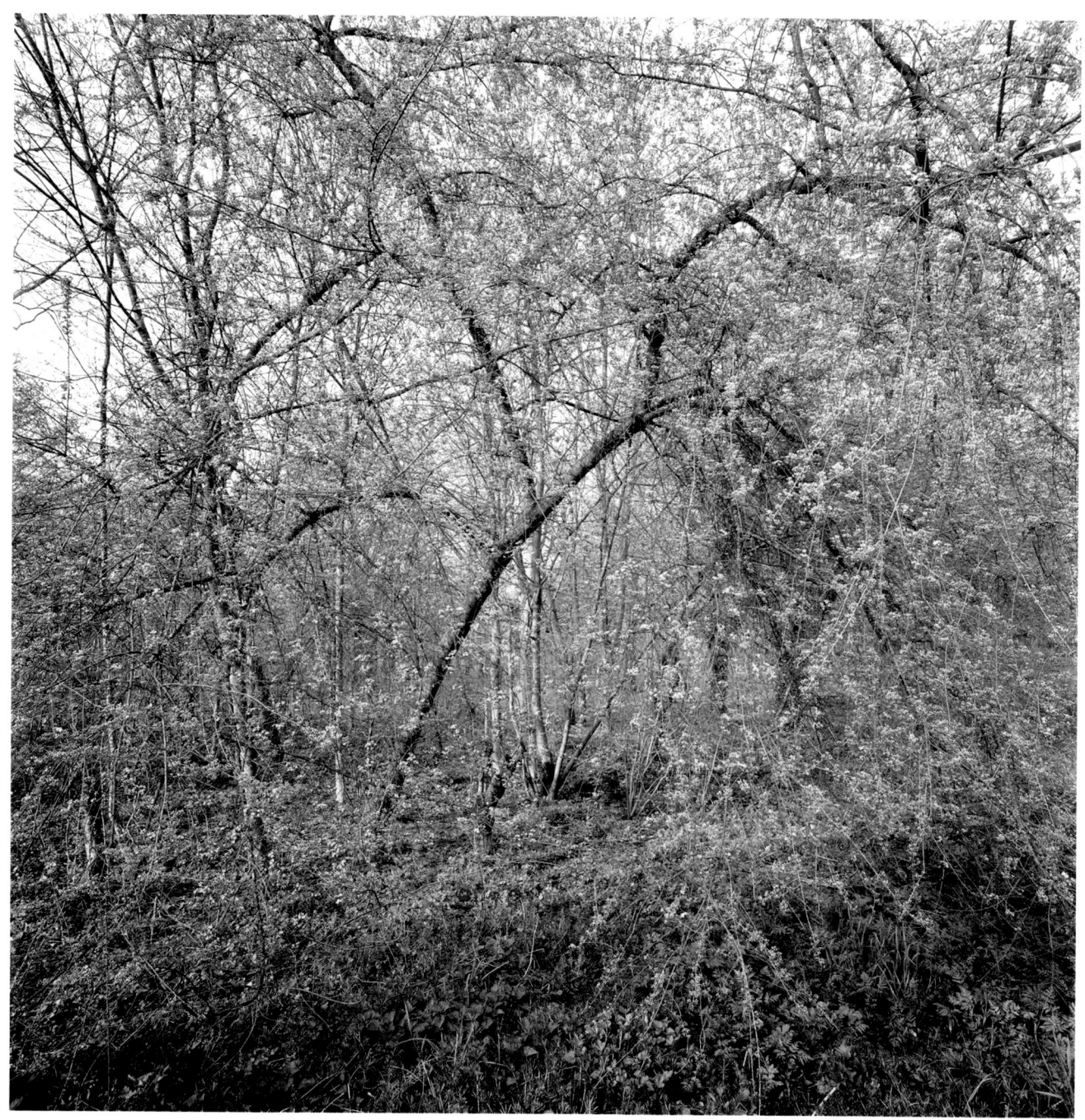

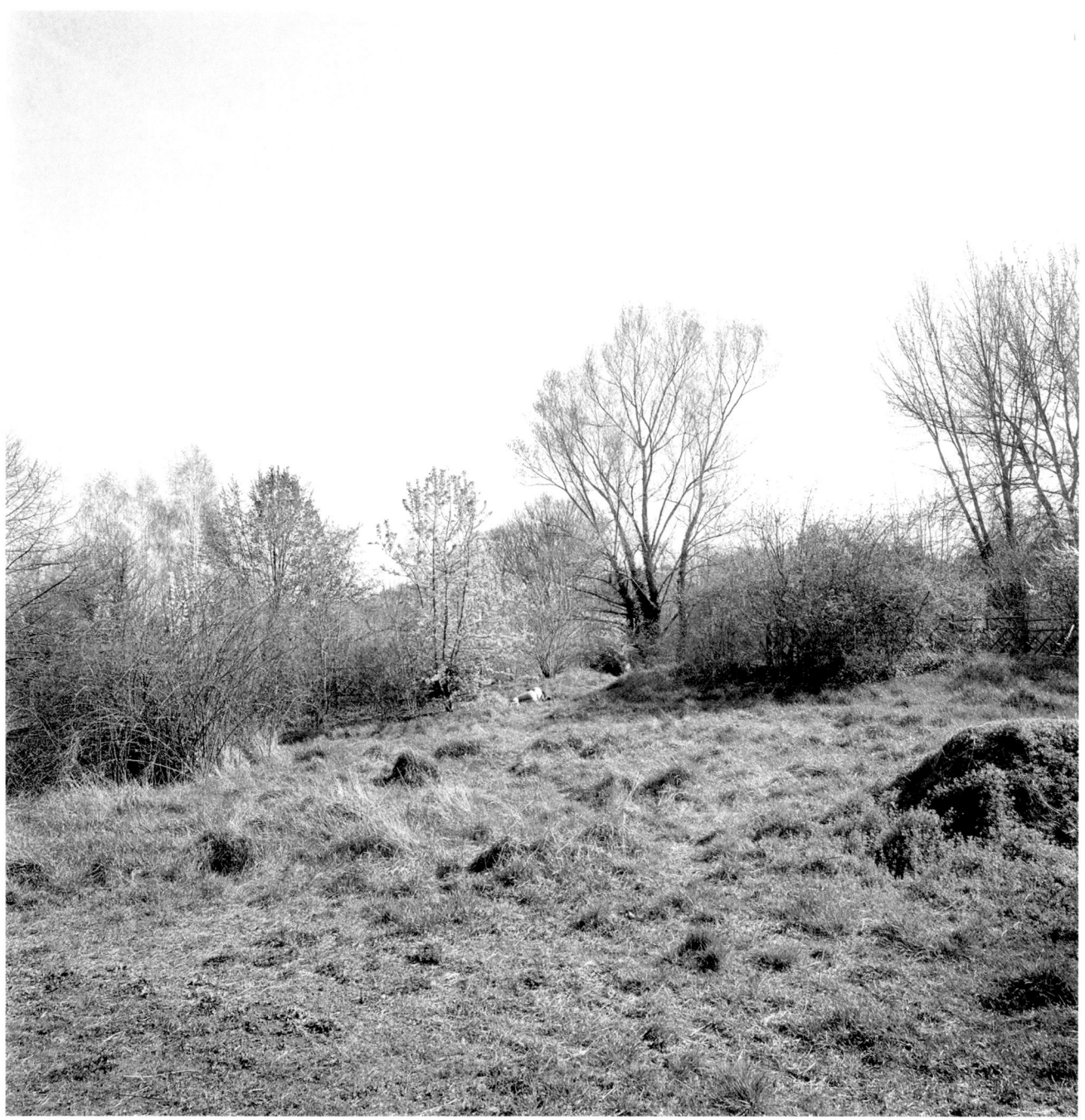

1   PARC FLORAL, BOIS DE VINCENNES, 2019

2   LES JARDINS DE VERSAILLES, 2019

3   PARC FLORAL, BOIS DE VINCENNES, 2019

4   BOIS DE BOULOGNE, 2017

5   PARC DE L'ÎLE SAINT-GERMAIN, 2019

6   PARC DES BUTTES-CHAUMONT, 2019

7   BOIS DE BOULOGNE, 2019

8   JARDIN DU PALAIS ROYAL, 2019

9   PARC DE SAINT-CLOUD, 2017

10   PARC DE SAINT-CLOUD, 2017

11   BOIS DE BOULOGNE, 2017

12   PARC DE SCEAUX, 2017

13   PARC DE SAINT-CLOUD, 2017

14   BOIS DE VINCENNES, 2019

15   PARC DE L'ÎLE SAINT-GERMAIN, 2019

PARIS PARK PHOTOGRAPHS

"Attention is the rarest and purest form of generosity."
—Simone Weil[1]

For almost four decades until his death in 1927, Eugène Atget photographed in the streets and public parks and gardens of Paris. I feel lucky to have been introduced to his work just as I was starting to make pictures more than thirty years ago. Back then, his singular, generous photographs encouraged me to embark on open and sustained explorations of public places.

Indeed, Atget's example continues to occupy my wanderings, all the more so as I ventured to photograph on his home turf. Among the many fascinating details of his life and work, one stood out to me: his choice to keep using glass plates and a view camera even as more sensitive photographic emulsions and portable cameras became available during his career. I doubt that Atget held onto his antiquated ways merely due to the strictures of habit, preferring to believe that he relied on their particular qualities to support, guide, and extend his view of the places he photographed. Today, as digital capture has all but eclipsed analog methods of reproduction, I felt a certain kinship with Atget as I walked his parks cradling a mechanical camera and nursing a pocket full of film.

Despite having a range of digital options at my disposal, I chose to use film at the outset of this project due to the particular influence this approach would have on the quality of the experience and the resulting images. In contrast to digital capture, which offers up a view of each frame immediately after its exposure, images burned onto the surface of film remain latent until their chemical development much later. Left without the option to see my efforts frame-by-frame in the field, I felt increasingly liberated during my visits to the parks. This freedom seemed to open up a broader examination of my subject, as I remained less encumbered by an impulse to prejudge whatever might have been transpiring in the frame or in my mind at the time. It kept me curious and attentive—more eager, in fact, to push ahead and court the next surprise waiting over a hill or behind a stand of trees.

Photographing in Paris as a visitor delayed even further the moment I could see what the camera had recorded. Unlike shooting at home, where I would typically develop my film the next day, I could only process the film weeks later and a continent away. Nonetheless, I find that the time lag inherent to film processing can play an important role. Often it helps me discover in the developed images details from a scene either long since forgotten or, more likely, wholly unnoticed at the time. This underscores a hallmark of photography: its sometimes uncanny way of revealing what we tend to disregard or overlook. With this in mind, making and viewing photographs can become the means to acknowledge and possibly address the murk of indifference or engrained expectations that often cloud our vision.

The photographs in this book, encouraged by Eugène Atget's efforts a century earlier, trace the features, both fixed and in flux, that define the public spaces we visit or move through in our daily lives. Photographs cannot substitute for the pleasures of seeing the world with our own eyes, but they can remind us of the benefits of paying closer attention, even if momentarily, to our shared surroundings. It is my hope that, as we open our eyes to the places we think we already know, we may turn to each other with a similar generosity and see the world anew.

MICHAEL KOLSTER

1. Simone Weil, from a letter to Joë Bousquet (April 13, 1942), as quoted in Simone Pétrement, *Simone Weil: A Life* (New York, NY: Pantheon Books, 1975), 462.

PHOTOGRAPHIES DE PARCS PARISIENS

"L'attention est la forme de générosité la plus rare et la plus pure."
—Simone Weil[1]

Durant les quatre décennies qui précédèrent son décès en 1927, Eugène Atget a photographié les rues, les parcs et les jardins publics de Paris. J'ai eu la chance d'être initié à son travail juste au moment où je commençais à prendre des photos il y a plus de trente ans. À l'époque, ses photographies singulières et généreuses m'ont encouragé à explorer de manière ouverte et durable les espaces publics.

En effet, la démarche d'Atget continue à éclairer mes déambulations, d'autant plus lorsque je m'aventure à prendre des photos sur son propre terrain. Parmi les nombreux détails captivants de sa vie et de son œuvre, son choix de continuer à utiliser des plaques de verre et une chambre photographique alors que des émulsions photographiques plus sensibles et des caméras portables étaient devenues disponibles durant sa carrière m'a frappé. Je doute que seul le carcan des habitudes explique qu'Atget ait conservé ce processus dépassé, et préfère croire qu'il s'appuyait sur ses qualités particulières pour soutenir, guider et prolonger sa vision des lieux qu'il photographiait. Aujourd'hui, alors que le numérique a pour ainsi dire éclipsé les procédés analogiques de reproduction, je ressens un certain lien de parenté avec Atget quand je déambule à travers ses parcs transportant un appareil photo argentique, attentif à faire durer les pellicules dans ma poche.

Malgré le fait d'avoir un éventail d'options numériques à ma disposition, j'ai décidé dès le début de ce projet d'utiliser du film argentique en raison de l'influence particulière qu'aurait cette approche sur la qualité de l'expérience et des images résultantes. Contrairement à la capture numérique qui offre la possibilité de voir chaque image immédiatement après sa saisie, les images exposées sur la surface de la pellicule restent à l'état latent jusqu'à leur développement chimique qui intervient bien plus tard. N'ayant pas l'option de voir le fruit de mes efforts image par image sur le terrain, je me suis senti de plus en plus libéré durant mes visites des parcs. Cette liberté semblait me permettre un examen plus ouvert de mon sujet dans la mesure où je me trouvais moins encombré par l'impulsion de préfigurer ce qui pourrait filtrer de l'image ou de mon état d'esprit du moment. Ce choix me maintenait curieux et attentif—plus enclin, en fait, d'aller de l'avant et de glaner la prochaine surprise qui m'attendait de l'autre côté d'une colline ou au détour d'une rangée d'arbres.

Photographier à Paris en tant que visiteur retarda encore davantage le moment où je pus voir ce que l'appareil avait enregistré. Contrairement à mes séances photographiques chez moi où je peux habituellement développer mes pellicules dès le lendemain, je ne pouvais dans ce cas développer mes pellicules que des semaines plus tard et sur un autre continent. Néanmoins, il me semble que le décalage temporel inhérent au traitement du film argentique peut jouer un rôle important.

Souvent ce décalage me permet de découvrir dans les images développées les détails d'une scène, soit depuis longtemps oubliés ou, mieux encore, restés complètement inaperçus à l'époque. Cela souligne une caractéristique clef de la photographie: sa façon parfois mystérieuse et déconcertante de révéler ce que nous avons tendance à négliger ou ignorer. En gardant cela à l'esprit, réaliser et regarder des photographies peut devenir un moyen de reconnaître, et peut-être même de faire face à, l'obscurité née de l'indifférence ou des attentes enracinées qui trop souvent brouillent notre vision.

Les photographies de ce livre, inspirées par les œuvres d'Eugène Atget il y a un siècle, tracent les contours, à la fois fixes et mobiles, qui définissent les espaces publics que nous visitons ou traversons dans notre quotidien. Les photographies ne sauraient se substituer au plaisir de voir le monde avec nos propres yeux, mais elles peuvent nous rappeler les bénéfices de regarder plus attentivement, même l'espace d'un instant, le monde alentour que nous partageons. Mon espoir est que, lorsque nous posons nos yeux sur ces lieux que nous croyons déjà connaître, nous nous tournions l'un vers l'autre avec une générosité similaire et voyions le monde avec un regard inédit.

MICHAEL KOLSTER

---

1. Simone Weil, lettre à Joë Bousquet (13 avril 1942), dans *Correspondance* (Lausanne, Suisse : Éditions l'Age d'Homme, 1982), 18.

AFTERWORD

When Paris went into lockdown at the beginning of the COVID-19 pandemic, my newborn daughter had just turned six months old. Parks, like just about everything else, were closed. I worried that she wouldn't know fresh air, and so each morning, clutching her a bit too tightly, I opened the window and tried not to look down at the concrete sidewalk four flights down. Instead, I pointed ahead at a tree, hoping her eyes would settle on its flowering buds.

During that terrible homebound year, I recalled with sudden, vivid clarity and intense longing my first walks in Parc Montsouris, a sprawling green park with slight hills and a calm lake. I didn't know a soul in Paris besides my husband, but in parks you're permitted, even expected, to be alone. Sit on a bench and stare out into space and no one will bother you. A park makes loneliness acceptable. In Paris, where toddlers dress better than I do, parks are a place where I feel free to look like myself: slovenly but colorful.

In one park, you begin to think of other parks. In Montsouris, I thought of my father on a windy autumn day in Kalamazoo's Milham Park, racing to catch falling leaves, as my mother watched, laughing. I remembered dipping in the lake at the city's Ramona Park, drying off with towels and eating roasted corn, the angry goose chasing my brother, nipping at his diaper. The names of my little childhood parks, likely forgettable to a cosmopolitan traveler, are primal and startling when they come back to my ear; like the names of my grade-school teachers, all the consonants and vowels come back in the right order. My feet took a few steps in Montsouris and my mind traveled across the Atlantic to my Michigan and backward three decades to my youth there.

When the lockdown was lifted, I was desperate to get out. I brought our "indoor baby," as my husband and I had taken to calling her, to Parc des Buttes-Chaumont, a gorgeous hilly spot of sixty-one acres, that the city had triumphantly converted during the 1860s from limestone quarry and toxic waste. We laid a sheet on the ground. She crawled away, fast. It was her first time feeling grass, touching dirt. She watched an ant intently. She tried to eat a leaf. She slapped a tree and shrieked. She was outdoors learning about nature and fresh air.

Parks nurture the inner life—the joy of the senses, the resource of memory, the psychic rewards of a body moving in an open space. But inner lives have been valued differently throughout history. In the United States, parks were segregated in the Jim Crow South. Park designers—believing that African Americans were more "social" and white Americans more "contemplative"—gave picnicking areas to the former and scenic expanses to the latter. "Recreational inequality" also revealed itself in sheer disparity in size: In Arkansas, for instance, white Americans could enjoy state parks with all the amenities that included more than eighteen thousand acres whereas only a hundred acres with sparse facilities were set aside for African-American families.[1]

That gross inequality of access, in turn, points us to the hidden labor and wealth that have made many famous parks possible. To build Central Park in Manhattan, the founders evicted immigrants (mostly Irish and German) and Black Americans. Among their razed homes and churches were those of Seneca Village, founded by free African-American landowners in 1825. In the nasty debates preceding Central Park's erection, the soon-to-be evicted were deemed "vagabonds and scoundrels."[2] Meanwhile, in France, numerous parks and gardens in and around Paris were former aristocratic estates confiscated by revolutionaries, among them the Palais Royal, Jardin des Tuileries (for some time it was renamed the Jardin National), Versailles, and Parc de Sceaux. Yet however egalitarian the intent, those parks tend to preserve the symbolic power of the state and the elite. The parks contain promenades that draw your attention to the Senate or to the former residences of the royal family. Even though you are allowed to walk in the gardens and view their statues, fountains, and prestigious edifices, the parks recount a lineage of which the common person is not a part.

In France especially, where the politics of identity are deeply fraught, the claim to belong is hard-won and ongoing. Once, at an exhibition of Caravaggio's paintings in a museum in Paris, I felt a sudden sharp grab at my arm: Someone had pulled me, touching me quite violently, or so it felt. I turned around. It was a woman reprimanding me in French; apparently I'd gotten too close to the painting. Out of habitual instinct, I apologized. But, for the next half hour, I found myself following her (unobtrusively) into other rooms, wanting to see whether she grabbed others who had gotten to a similar distance to paintings.

No: just me.

I gathered a sense of how she saw me: an untamed, unruly tourist from Asia who doesn't know the social rules and who, like a child, must be taught. (I am nearly forty and was born in the United States.) That moment clarified the loneliness I had long felt in Paris, where I had moved for my husband's job. The fact that the encounter occurred in a museum—an enclosed public space of cultural knowledge—somehow seems significant. It's the perfect converse of my time as a child in Kalamazoo's parks. I was too young to be aware of racial distinctions between others and me and too little to discipline others. I enjoyed the freedom of ignorance as well as the physical freedom to roam and misbehave.

Which is not to say that parks can't be museum-like, even as they provide, at their core, meditative, restorative spaces. Indeed, just as museums do, parks can present cultural symbols as natural, impose behavioral controls, and install patronizing hopes of "taming" an ethnic population. Yet in Paris I have seen how people make a park their own space. In the Jardins D'Éole, in the 18th arrondissement, families of West African and Maghrebi origin play soccer and create community gardens. In Jardin Villemin, in the 10th arrondissement, a stone's throw from the Canal St. Martin, a group of elderly people move in deliberate, almost hypnotic synchrony, practicing tai chi. In the Palais Royal, in the 1st arrondissement, a grandpa plays pétanque with his little girl, teaching her how to throw a metal boule (ball). And on a Saturday morning at Square du Temple Elie Wiesel, in the 3rd arrondissement, two men of African and Asian descent engage in a heated game of ping pong, arms swinging in the air. Not twenty steps away, a youth group practices a hip-hop dance performance in a pagoda. And my daughter is crawling in a sandbox. She yelps with joy; she's seen grass by now but not this. In a park, you can yell.

In Michael Kolster's photographs, we behold the magnificence of a knotted old oak, its creaturely, otherworldly presence. Our eyes follow an allée of pruned trees in Parc de Sceaux, their arrogant geometry on display. A brick rampart. Daffodils poking out of tall grasses. Dark, shapely boughs curving this way and that, meandering and twisting. These photographs reward extended looking. Each time I study one, I discover something new. The first time: What is that gorgeous flower hanging from the tree, that star with rounded points? I must know its name. The second time: Look at how the body of water catches the flowers falling into it, and behold the swans!

Alone, a single picture communicates teeming life, the frame filled to the brim with leaves. "It's raining branches!," I mutter to myself as I study a page. Together, though, these photographs urge us away from the reverence of culture as nature—and towards nature itself. Or, more precisely, nature as a set of forces that can evade and defy human intervention.

Kolster's expression of this dialectic between the earth and human creation is aching, ravishing, fully absorbing. A piece of ground blanketed, no, snowed over with leaves; a scalar, triangular plot of paved paths. Wild creepers covering the trunk; violently sheared trees whose horizontal lines divide the sky. Ancient trees that have resisted fire; a miniature stone replica of a Roman temple, perched at a distance. These dichotomies exist anywhere, but in Paris's parks, through Kolster's observant eye, they are accentuated.

In today's era with climate change on our minds, it is nearly impossible to look at the natural world and not lament the impact of humans and corporations in degrading it. But to look at nature only with despair isn't quite looking, is it? Looking at nature with despair attributes too much and too little power to ourselves. Such a view assumes that only humans can change the course of history, that nature itself cannot fight back. And it assumes that we as individuals are incapable of collective action, unable to fix a world that we have burned.

In puzzling through this challenge, I am reminded of what Michael Kolster confided in me. In creating this book, he hopes we might see "beyond what we habitually overlook." In so doing, we might "forgive ourselves and each other, if only momentarily." What tantalizing, aspirational words. The idea that we must forgive ourselves raises the question: What have we failed at or—more religiously—how we have sinned? For Kolster, the sin is in failing to look, to see what is in front of us. In our conversations, he describes this failure as a blindness born of bias, distraction, irritability, and prejudice: "I see this as a shortcoming, one I can only assume we all share. I seek forgiveness for this shortcoming, as I struggle to extend forgiveness for it to others as well." One resists despair by using one's sight.

A final question: If everyone belongs in a park, why are there so few faces in Kolster's photographs? In the main, the only ones I see are on statues of gods. (Observe Hercules leaning on his club, draped in the skin of the lion he has killed.) In fact, only four photographs reference our species. In the Jardin des Tuileries, humans cast shadows larger than themselves. In the Buttes-Chaumont, as in a traditional Chinese painting, humans are barely seen. And in the Palais Royal, Kolster has caught children in motion, like ice skaters in a Brueghel landscape: blurry but centered, a leg frozen in mid-air. Little figures moving across old grounds where there are no adults. Yet these children seem to the eye to be protected: sheltered by the columns of the former palace, by the strict rows of tall manicured trees.

Watching the children, I come back to the parks and gardens I've walked and sat in, to the freedom I've felt. Perhaps this is a clue to the question of why there are so few human faces in Kolster's photographs. Is it that we're already here, writing ourselves into the pictures, into the parks? We can't help ourselves. These photographs, like the parks themselves, create a space for us to enter. We think, we watch, we remember.

MICHELLE KUO

1. William O'Brien, "Landscapes of Exclusion: State Parks in the Jim Crow South," *View*, No. 15 (Summer 2015): 4.

2. Roy Rosenzweig and Elizabeth Blackmar, *The Park and the People: A History of Central Park* (Ithaca, NY: Cornell University Press, 1992), 63.

POSTFACE

Quand le confinement a débuté à Paris au début de la pandémie du COVID-19, ma fille venait d'avoir six mois. Les parcs, comme à peu près tout le reste, étaient fermés. Inquiète qu'elle n'ait pas assez l'occasion de sortir au grand air, chaque matin, la serrant bien fort, j'ouvrais la fenêtre et essayais de ne pas regarder en bas vers le trottoir en béton quatre étages plus bas. Au lieu de cela, je pointais vers l'arbre devant nous, espérant que ses yeux s'attarderaient sur ses bourgeons en fleur.

Durant cette terrible année confinée à domicile, je me suis rappelée avec une soudaine et vivide clarté, tout comme un intense désir, mes premières balades dans le parc Montsouris, un immense parc avec de la verdure, des petites collines et un lac paisible. À Paris, je ne connaissais personne à part mon mari, mais dans les parcs il est permis, voire même attendu, d'être seul. Asseyez-vous sur un banc et regardez au loin droit devant vous, personne ne viendra vous déranger. Un parc rend la solitude acceptable. À Paris, où les bambins sont mieux habillés que moi, les parcs sont des lieux où je me sens libre de ressembler à qui je suis: débraillée mais portant des couleurs gaies.

Dans un parc, vous commencez à penser à d'autres parcs. Dans le parc Montsouris, j'ai pensé à mon père qui, par un jour venteux d'automne dans le Milham Park de Kalamazoo, courait pour rattraper les feuilles tombant des arbres sous le regard rieur de ma mère. Je me suis souvenue d'avoir plongé dans le lac de Ramona Park, de m'être séchée avec des serviettes de bain et d'avoir mangé des épis de maïs grillés, de l'oie fâchée pourchassant mon frère en donnant des coups de bec à ses langes. Les noms des parcs de mon enfance, sûrement sans intérêt pour un grand voyageur, sont essentiels et saisissants quand ils reviennent à mon oreille; semblables aux noms de mes maîtres et maîtresses d'école, toutes les consonnes et voyelles reviennent dans le bon ordre. Il a suffi que mes pieds fassent quelques pas dans le parc Montsouris pour que mon esprit voyage à travers l'Atlantique vers mon Michigan et retourne en arrière de trois décennies pour y retrouver mon enfance.

Quand le confinement a pris fin, j'étais impatiente de sortir. J'ai emmené notre "bébé d'intérieur," comme mon mari et moi avions pris l'habitude de l'appeler, au parc des Buttes-Chaumont, un magnifique espace de vingt-cinq hectares avec des collines situé sur une ancienne carrière de calcaire renfermant des déchets toxiques que la ville avait triomphalement converti en parc dans les années 1860. On étendit une couverture sur le sol. À quatre pattes, elle s'en éloigna en un clin d'œil. Ce fut la première fois qu'elle touchait de l'herbe, de la terre. Elle regarda fixement une fourmi passer. Elle essaya de manger une feuille. Elle frappa un arbre et cria. Elle était dehors en train d'explorer la nature et respirer l'air frais.

Les parcs nourrissent la vie intérieure—la joie des sens, les ressources de la mémoire, gratifications psychiques du corps se mouvant dans un espace ouvert. Toutefois, les vies intérieures ont été valorisées différemment à travers l'histoire. Aux États-Unis, la ségrégation régissait les parcs durant l'ère Jim Crow dans le sud. Les dessinateurs des parcs—croyant que les Africains-Américains étaient plus "sociables" et les blancs plus "contemplatifs"—concevaient des aires de pique-nique pour les premiers et de vastes étendues naturelles pour les seconds. "L'inégalité dans les loisirs" se révélait aussi dans l'extrême disparité de la taille des parcs: Dans l'Arkansas, par exemple, les blancs avaient accès à des parcs nationaux avec tous les aménagements qui vont de pair avec un parc de plus de mille deux cents hectares, alors que seulement quarante hectares avec peu d'infrastructure étaient réservés aux familles africaines-américaines.[1]

La flagrante inégalité d'accès est révélatrice de la richesse et du labeur occultés qui ont rendu possible de nombreux parcs. Pour construire Central Park à Manhattan, les créateurs ont expulsé des immigrés (principalement des Irlandais et des Allemands) et des noirs américains. Parmi les maisons et les églises qui furent rasées se trouvaient celles de Seneca Village qui avait été créé en 1825 par des propriétaires africains-américains libres. Durant les débats houleux qui ont précédé le début des travaux d'aménagement de Central Park, les personnes qui allaient être expropriées furent cataloguées comme "vagabonds et scélérats."[2] À la même époque, en France, les nombreux jardins et parcs dans et aux alentours de Paris furent construits sur des terrains qui avaient été confisqués par des révolutionnaires aux aristocrates; parmi ceux-ci le jardin du Palais Royal, le jardin des Tuileries (rebaptisé pour un temps jardin National), Versailles et le parc de Sceaux. Toutefois, en dépit de l'intention égalitaire de leur genèse, ces parcs tendent à préserver le pouvoir symbolique de l'état et des élites. Ces parcs offrent des promenades qui attirent votre attention sur le Sénat ou les anciennes résidences de la famille royale. Même s'il vous est permis de marcher dans ces jardins et de regarder leurs statues, fontaines et prestigieux édifices, ces parcs narrent une filiation dont le citoyen ordinaire ne fait pas partie.

En France tout particulièrement, pays où la question de l'identité nationale est politiquement très chargée, clamer son appartenance est un statut durement gagné et jamais acquis une fois pour toute. Un jour, lors d'une exposition consacrée à la peinture de Caravage dans un musée parisien, j'ai ressenti un pincement douloureux au bras: quelqu'un m'avait tiré en arrière, me saisissant assez violemment, du moins c'est ce que j'ai ressenti. Je me suis retournée. Une femme me réprimandait en français; apparemment je m'étais trop approchée d'un tableau. Par un réflexe habituel, je me suis excusée. Cependant, durant la demi-heure suivante, je me suis mis à suivre cette femme discrètement dans les autres salles, voulant voir si elle allait saisir d'autres personnes qui se seraient approchées à une distance semblable des tableaux.

Non: j'étais la seule.

Je pouvais m'imaginer comment elle m'avait perçue: touriste d'Asie, sauvage et indisciplinée, qui ne connaît pas les règles sociales et à qui, telle une enfant, on doit faire la leçon. (J'ai presque quarante ans et je suis née aux États-Unis). Cette expérience a clarifié la solitude que je ressentais depuis longtemps à Paris où j'avais déménagé à cause du travail de mon mari. Le fait que cet incident ait eu lieu dans un musée—un lieu public et clos consacré au patrimoine culturel—n'est pas insignifiant. C'était la parfaite antithèse de mon expérience d'enfant dans les parcs de Kalamazoo: trop jeune pour être consciente des distinctions raciales entre les autres et moi, et trop petite pour discipliner les autres. Là, je savourais la liberté que procure l'ignorance tout comme la liberté physique de pouvoir errer et de mal se conduire.

Ceci ne veut pas dire que les parcs ne peuvent ressembler aux musées, même s'ils procurent, en leur essence, des espaces méditatifs et ressourçants. Tout comme les musées, les parcs peuvent effectivement naturaliser des symboles culturels, imposer des comportements codifiés et générer des espoirs condescendants à l'endroit d'une population ethnique à apprivoiser. Toutefois, à Paris, j'ai observé comment des personnes se réapproprient un parc pour en faire leur propre espace. Dans les jardins d'Éole, dans le 18ème arrondissement, des familles d'Afrique de l'Ouest et du Maghreb jouent au foot et créent des jardins communautaires. Dans le jardin Villemin, dans le 10ème, à un jet de pierre du canal Saint-Martin, un groupe de personnes âgées bouge d'une manière délibérément synchronique et quasi hypnotique en pratiquant du tai chi. Dans les jardins du Palais Royal, dans le 1er, un grand-père joue à la pétanque avec sa petite-fille, lui apprenant comment lancer la boule de métal. Et un samedi matin, au square du Temple Elie Wiesel, dans le 3ème, deux hommes d'origine africaine et asiatique disputent un match de ping-pong spectaculaire, leurs bras ne cessant de fendre l'air à chaque coup. A une vingtaine de pas, un groupe de jeunes s'entraîne dans une pagode pour un spectacle de hip-hop. Quant à ma fille, elle joue à quatre pattes dans un bac à sable. Elle glapit de joie; l'herbe, maintenant, elle connaît, mais pas cela. Dans un parc, on peut crier.

Dans les photographies de Michael Kolster, on contemple la magnificence d'un vieux chêne noueux, présence suggérant une créature d'un autre monde. Nos yeux suivent une allée d'arbres taillés dans Parc de Sceaux, exhibant leur arrogante géométrie. Un rempart en brique. Des jonquilles pointant à travers l'herbe haute. Des branches foncées, s'arrondissant par ci par là, tortueuses et tordues. Ces photographies gratifient le regard qui s'attarde. Chaque fois que j'en étudie une, je découvre quelque chose de nouveau. La première fois: quelle est cette superbe fleur pendant d'un arbre, cette étoile avec des pointes arrondies? Je dois savoir son nom. La seconde fois: regarde comment le plan d'eau recueille les fleurs qui y tombent, et contemple les cygnes!

À elle seule, une photographie communique une vie foisonnante, des feuilles remplissant le cadre jusqu'aux quatre bords. "Il pleut des feuilles!" me dis-je en étudiant la page. Ensemble, toutefois, ces photographies nous exhortent à nous éloigner de la vénération de la culture comme nature—au profit de la nature elle-même. Ou, plus précisément, de la nature comme un ensemble de forces capable d'éluder et de défier la mainmise de l'homme.

La façon dont Michael Kolster exprime cette dialectique entre la terre et la création humaine est douloureuse, ravissante, totalement captivante. Un lopin de terre couvert, ou plutôt enneigé de feuilles ; une parcelle scalaire et triangulaire, pavée de chemins. Des plantes grimpantes recouvrant le tronc; des arbres violemment cisaillés dont les lignes horizontales divisent le ciel. Des arbres centenaires qui ont résisté au feu; une pierre miniature réplique d'un temple romain, juchée à distance. Ces dichotomies existent partout, mais dans les parcs parisiens, grâce à l'œil observateur de Kolster, elles se voient magnifiées.

À notre époque où le changement climatique occupe nos esprits, il est pratiquement impossible de regarder le monde naturel sans se lamenter sur l'impact des hommes et des entreprises qui le dégradent. Mais regarder la nature seulement en se désespérant, est-ce vraiment regarder? Regarder la nature avec désespoir revient à attribuer trop et trop peu de pouvoir à nous-mêmes. Une telle perspective présuppose que seuls les hommes peuvent changer le cours de l'histoire, que la nature elle-même est incapable de riposter. C'est aussi présupposer que nous, en tant qu'individus, sommes incapables d'agir collectivement, incapables de restaurer un monde que nous avons saccagé.

En songeant à ce défi, je me rappelle ce que Michael Kolster m'a confié. En créant ce livre, il nous invite à voir "au-delà de ce que d'habitude nous négligeons." Ce faisant, nous serions à même "de nous pardonner à nous-mêmes et aux autres, ne serait-ce que momentanément." Voilà une vision bien tentante, ambitieuse. L'idée que nous devons nous pardonner soulève une question: en quoi avons-nous failli—ou plus religieusement—en quoi avons-nous péché? Pour Kolster, le péché consiste à faillir de voir, de percevoir ce qui est en face de nous. Dans nos conversations, il décrit cette défaillance comme une cécité due à nos partis pris, notre distraction, notre irritabilité et nos préjugés: "Je vois cela comme une lacune, un manquement que nous partageons tous je suppose. Je cherche à me faire pardonner pour ce manquement, tout comme je lutte à étendre aussi ce pardon aux autres." On résiste au désespoir en recourant à son regard.

Une dernière question: Si tout le monde appartient à un parc, pourquoi y a-t-il si peu de visages dans les photographies de Kolster? Dans l'ensemble, les seuls êtres humains que l'on voit sont des statues de dieux. (Observez Hercule penché sur son gourdin, enveloppé dans la peau du lion qu'il a tué.) En fait, seules quatre photographies saisissent notre espèce. Dans les jardins des Tuileries, des humains génèrent des ombres plus grandes qu'eux-mêmes. Aux Buttes-Chaumont, comme dans une peinture chinoise traditionnelle, les humains sont à peine visibles. Et au Palais-Royal, Kolster a saisi des enfants en mouvement, semblables à des patineurs dans un paysage de Breughel: flous mais centrés, une jambe en l'air, gelée. Petites figurines se déplaçant à travers d'anciens terrains où il n'y a pas d'adultes. Et pourtant, à nos yeux, ces enfants semblent être protégés: abrités par les colonnes de l'ancien palais, par les strictes rangées des hauts arbres soigneusement entretenus.

Regarder les enfants me renvoie aux parcs et aux jardins où j'ai marché et me suis assise, à la liberté que j'y ai ressentie. Peut-être, est-ce là un indice, pour comprendre pourquoi il y a si peu de visage humain dans les photographies de Kolster. Est-ce parce que nous y sommes déjà présents, nous écrivant nous-mêmes dans les images, dans les parcs ? Nous ne pouvons pas nous en empêcher. Ces photographies, tout comme les parcs eux-mêmes, créent un espace qui nous invite à y entrer. Nous pensons, nous regardons, nous nous rappelons.

MICHELLE KUO

1. William O'Brien, "Landscapes of Exclusion: State Parks in the Jim Crow South," *View*, No. 15 (Summer 2015): 4.

2. Roy Rosenzweig and Elizabeth Blackmar, *The Park and the People: A History of Central Park* (Ithaca, NY: Cornell University Press, 1992), 63.

ACKNOWLEDGMENTS

This book borrows liberally from the design of the Museum of Modern Art's 1938 catalogue, *Walker Evans: American Photographs*. I am unsure whom to thank, but its elegance still appeals today, especially as an avalanche of disconnected electronic images and instant messages threatens to overwhelm us. On offer back then and respectfully emulated here is a layout meant to encourage close scrutiny of the individual picture and, just as important, to give the order in which they appear ample consideration. For me, the sequence of the photographs in *American Photographs* suggests connections of consequence between seemingly disparate images, which altered my view of them and the world around me. As I assembled the sequence of the images appearing in this book, I sought moments when the image's placement and proximity to others kept shifting my view of it. I hope that the reader experiences a similar satisfaction.

I want to acknowledge and thank Jonathan Shimony and Françoise Delassus, for their love, friendship, generosity, and making the photographs in this book possible; Bowdoin College, George Thompson, Mikki Soroczak, and David Skolkin, for believing in and making this publication possible; Michelle Kuo, for her afterword; Alexandre Dauge-Roth and David Steiner, for the translation of the texts; Françoise Delassus, for editing the translations; Bill Press and Elana Auerbach, Jennifer Press and Bobbi Frioli, Jane and Chops Wong, Stephen Willey and Gretchen Gende, Paul Ades, Ethel Brennan and Laurent Rigobert, Christine Eng, Jon Edwards and Nancy Fox, Bruce Brown, Tom and Ebets Judson, John and Mary McGuigan, Anne and Frank Goodyear, Macauley Lord and Carol Lestock, and Jim Garzelloni, for their generous support; and Christy Shake, for her unwavering spirit, love, and understanding.

MICHAEL KOLSTER

REMERCIEMENTS

Ce livre s'inspire librement du design du catalogue du Museum of Modern Art de 1938 *Walker Evans: American Photographs*. Je ne suis pas sûr qui je dois remercier ici, mais son élégance exerce toujours un attrait aujourd'hui, surtout face à l'avalanche d'images électroniques déconnectées et de messages instantanés qui menace de nous submerger. Cette mise en page proposée à l'époque et respectueusement calquée ici, encourage l'examen minutieux de chaque photographie tout comme elle demande de prendre en considération l'ordre dans lequel elles apparaissent. Pour moi, l'ordre des photographies dans *American Photographs* suggère des connections causales entre des images apparemment disparates, ce qui en modifia ma perception tout comme celle du monde autour de moi. Quand j'ai établi l'ordre dans lequel les photographies allaient apparaître dans ce livre, j'ai recherché des instants où le placement d'une image et sa proximité avec d'autres en modifiait ma perception initiale. Mon espoir est que le lecteur éprouve une satisfaction similaire.

Je tiens à remercier Jonathan Shimony et Françoise Delassus pour leur amour, amitié, générosité, et pour avoir rendu possible les photographies dans ce livre; Bowdoin College, George Thompson, Mikki Soroczak, and David Skolkin, pour avoir cru en cette publication et pour l'avoir rendue possible; Michelle Kuo, pour la postface; Alexandre Dauge-Roth et David Steiner, pour la traduction des textes; Françoise Delassus, pour avoir revu les traductions; Bill Press et Elana Auerbach, Jennifer Press et Bobbi Frioli, Jane et Chops Wong, Stephen Willey et Gretchen Gende, Paul Ades, Ethel Brennan et Laurent Rigobert, Christine Eng, Jon Edwards et Mary Fox, Bruce Brown, Tom et Ebets Judson, John et Mary McGuigan, Anne et Frank Goodyear, Macauley Lord et Carol Lestock, et Jim Garzelloni, pour leur généreux soutien; et Christy Shake, pour sa clairvoyance et son indéfectible amour et compréhension.

MICHAEL KOLSTER

ABOUT THE BOOK
À PROPOS DU LIVRE

Paris Park Photographs was brought to publication in an edition of 1,250 clothbound copies. The text was set in Adobe Caslon, the paper is GardaPat Bianka, 150 gsm weight, and the book was professionally printed and bound by EBS (Editoriale Bortolazzi Stei) in Verona, Italy.

Photographies de Parcs Parisiens est tiré à 1,250 exemplaires reliés en toile. Adobe Caslon a été choisi pour le texte, GardaPat Bianka, 150g/m², pour le papier, et le livre a été imprimé et relié professionnellement par EBS (Editoriale Bortolazzi Stei) à Vérone en Italie.

Publisher: George F. Thompson
Editorial and Research Assistant: Mikki Soroczak
Manuscript Editor: Purna Makaram
Book Design and Production: David Skolkin
English/French Translations: Alexandre Dauge-Roth and David Steiner

Copyright ©2022 George F. Thompson Publishing, L.L.C., except as follows: Photographs and "Paris Park Photographs" ©Michael Kolster and "Afterword" © Michelle Kuo.

All rights reserved. No part of this book may be used, reprinted, or reproduced in any form or medium or by any means without the written consent and permission of the publisher and authors.

Published in 2022. First clothbound edition.
Printed in Italy on acid-free paper.

George F. Thompson Publishing, L.L.C.
217 Oak Ridge Circle
Staunton, VA 24401–3511, U.S.A.
www.gftbooks.com

30 29 28 27 26 25 24 23 22   1 2 3 4 5

The Library of Congress Preassigned Control Number is 2021935117.

ISBN: 978–1–938086–88–5